四川省工程建设地方标准

四川省城镇超高韧性组合钢

桥面结构技术标准

Technical standards for STC-steel composite
deck structure for Sichuan Province

DBJ51/T089 – 2018

主编单位： 四 川 省 住 房 和 城 乡 建 设 厅
批准部门： 四 川 省 住 房 和 城 乡 建 设 厅
施行日期： 2 0 1 8 年 5 月 1 日

西南交通大学出版社

2018 成 都

图书在版编目（CIP）数据

四川省城镇超高韧性组合钢桥面结构技术标准 /四川西南交大土木工程设计有限公司主编. —成都：西南交通大学出版社，2018.4
（四川省工程建设地方标准）
ISBN 978-7-5643-6152-5

Ⅰ. ①四… Ⅱ. ①四… Ⅲ. ①桥面板 – 韧性 – 技术标准 – 四川 Ⅳ. ①U443.32-65

中国版本图书馆 CIP 数据核字（2018）第 075229 号

四川省工程建设地方标准

四川省城镇超高韧性组合钢桥面结构技术标准

主编单位　四川西南交大土木工程设计有限公司

责 任 编 辑	姜锡伟
封 面 设 计	原谋书装
出 版 发 行	西南交通大学出版社 （四川省成都市二环路北一段 111 号 西南交通大学创新大厦 21 楼）
发 行 部 电 话	028-87600564　028-87600533
邮 政 编 码	610031
网　　　址	http://www.xnjdcbs.com
印　　　刷	成都蜀通印务有限责任公司
成 品 尺 寸	140 mm × 203 mm
印　　　张	3.75
字　　　数	92 千
版　　　次	2018 年 4 月第 1 版
印　　　次	2018 年 4 月第 1 次
书　　　号	ISBN 978-7-5643-6152-5
定　　　价	31.00 元

关于发布工程建设地方标准
《四川省城镇超高韧性组合钢桥面结构技术标准》
的通知

川建标发〔2018〕67号

各市州及扩权试点县住房城乡建设行政主管部门，各有关单位：

由四川西南交大土木工程设计有限公司主编的《四川省城镇超高韧性组合钢桥面结构技术标准》已经我厅组织专家审查通过，现批准为四川省推荐性工程建设地方标准，编号为：DBJ51/T089－2018，自2018年5月1日起在全省实施。

该标准由四川省住房和城乡建设厅负责管理，四川西南交大土木工程设计有限公司负责技术内容解释。

四川省住房和城乡建设厅

2018年1月23日

前　言

本标准是根据四川省住房和城乡建设厅《关于下达工程建设地方标准〈四川省城市钢桥性能轻型组合桥面结构技术规程〉编制计划的通知》（川建标发〔2016〕913号）的要求，由四川西南交大土木工程设计有限公司会同有关单位共同编制完成的。

标准编制组经广泛调查研究，认真总结实践经验，参考有关国际和国内先进标准，并在广泛征求意见的基础上，制定本标准。

本标准共分8章和3个附录，主要技术内容是：总则；术语和符号；基本规定；材料；设计；施工；检验与验收；管养与维护。

本标准由四川省住房和城乡建设厅负责管理，四川西南交大土木工程设计有限公司负责具体技术内容的解释。执行过程中如有意见或建议，请寄送至四川西南交大土木工程设计有限公司（地址：成都市二环路北一段111号西南交通大学创新大厦；邮编：610000；电话：028-87600952；E-mail：jdtm@jdtm.com.cn）

主编单位： 四川西南交大土木工程设计有限公司

参编单位： 西南交通大学

广东冠生土木工程技术有限公司

成都建工路桥建设有限公司

中国水利水电第七工程局有限公司

广东冠粤路桥有限公司

成都天府新区建设工程质量安全监督站

主要起草人： 谢尚英　何　畏　陈　刚

（以下按姓氏笔画排列）

王　翔	王树林	王朝伦	邓江云
任清顺	李兴林	李守华	李自坤
李连生	杨亚兵	肖礼经	肖敬龙
何跃军	陈　宁	林清阳	罗建林
周　迅	周志敏	郑爱华	房金钱
黄　燕			

主要审查人： 李建民　李固华　向　学　陈思孝

赖　伟　覃承英　周　元

目　次

1　总　则 ……………………………………………………… 1

2　术语和符号 ……………………………………………… 2

   2.1　术　语 ………………………………………………… 2

   2.2　符　号 ………………………………………………… 3

3　基本规定 ………………………………………………… 6

4　材　料 …………………………………………………… 7

   4.1　超高韧性混凝土 ……………………………………… 7

   4.2　钢筋与焊钉 …………………………………………… 11

   4.3　其他材料 ……………………………………………… 11

5　设　计 …………………………………………………… 13

   5.1　一般规定 ……………………………………………… 13

   5.2　承载能力极限状态计算 ……………………………… 16

   5.3　正常使用极限状态计算 ……………………………… 18

   5.4　耐久性设计 …………………………………………… 22

   5.5　疲劳验算 ……………………………………………… 24

   5.6　剪力连接件设计与计算 ……………………………… 28

   5.7　接缝设计与计算 ……………………………………… 30

   5.8　构造要求 ……………………………………………… 32

6 施　工 ·· 34

　　6.1 一般规定 ··· 34

　　6.2 施工准备 ··· 35

　　6.3 桥面预处理 ··· 35

　　6.4 焊钉焊接 ··· 36

　　6.5 钢筋网铺设 ··· 37

　　6.6 STC 现浇施工 ··· 38

　　6.7 STC 养护 ··· 40

　　6.8 STC 结构层预制节段施工 ···················· 42

　　6.9 面层施工 ··· 43

　　6.10 特殊气候条件施工 ·································· 44

7 检验与验收 ··· 46

　　7.1 一般规定 ··· 46

　　7.2 原材料进场检验 ·· 46

　　7.3 质量检验 ··· 47

　　7.4 质量验收 ··· 52

8 管养与维护 ··· 54

　　8.1 一般规定 ··· 54

　　8.2 管理养护 ··· 54

　　8.3 桥面结构维护 ·· 55

附录 A　超高韧性混凝土用钢纤维性能检验方法 ········· 56

附录 B　STC 试件的制作及试验方法 ····················· 59

附录 C　STC 拌合料中钢纤维体积率的试验、

　　　　检验方法 ·· 61

本标准用词说明 ··· 63

引用标准名录 ·· 65

附：条文说明 ·· 69

Contents

1 General provisions ·· 1

2 Terms and symbols ·· 2

    2.1 Terms ··· 2

    2.2 Symbols ·· 3

3 Basic requirements ·· 6

4 Materials ··· 7

    4.1 Super toughness concrete ····························· 7

    4.2 Reinforcement and welded stud ···················· 11

    4.3 Other materials ··· 11

5 Design ··· 13

    5.1 General requirements ································· 13

    5.2 Calculation for capacity limit state ·············· 16

    5.3 Calculation for serviceability limit state ········· 18

    5.4 Durability design ······································ 22

    5.5 Fatigue checking ······································ 24

    5.6 Design for shear connecter ·························· 28

    5.7 Design for construction joint ······················ 30

5.8　Detail requirements·································· 32

6　Construction ·· 34

6.1　General requirements ·························· 34

6.2　Construction preparation ···················· 35

6.3　Preconditioning for steel deck ············· 35

6.4　Stud welding································· 36

6.5　Pavement for steel mesh···················· 37

6.6　Cast for STC································ 38

6.7　Steam curing for STC ····················· 40

6.8　Segmental precasting construction··········· 42

6.9　Surface construction ····················· 43

6.10　Construction in special climatic conditions ······· 44

7　Inspection and quality acceptance ················· 46

7.1　General requirements ······················ 46

7.2　Raw material entrance inspection ············· 46

7.3　Quality inspection··························· 47

7.4　Quality acceptance·························· 52

8　Management and maintenance···················· 54

8.1　General requirements ······················ 54

8.2　Management and maintenance ················ 54

8.3　Repairing work ··· 55

Appendix A　Performance test for steel fiber applied

　　　　　　in the STC ··· 56

Appendix B　Manufacture and test method for

　　　　　　STC specimen ··· 59

Appendix C　Inspection and test method for the

　　　　　　volume fraction of steel fiber in STC ········· 61

Explanation of Wording in this Code ························· 63

List of Quoted Standards ······································· 65

Addition: Explanation of Provisions ························· 69

13

1 总 则

1.0.1 为规范城镇超高韧性组合钢桥面结构的设计和施工，统一质量检验标准，指导管养维护，制定本标准。

1.0.2 本标准适用于新建和改造的城镇超高韧性组合钢桥面结构设计、施工、验收与管养。

1.0.3 城镇超高韧性组合钢桥面结构的设计、施工、管养维护应遵循安全、适用、耐久、环保、经济的原则。

1.0.4 城镇超高韧性组合钢桥面结构的设计、施工、验收及管养维护除应符合本标准外，尚应符合国家现行有关标准的规定。

2 术语和符号

2.1 术 语

2.1.1 超高韧性混凝土（STC） super toughness concrete

由水泥、矿物掺合料、细集料、水、钢纤维和减水剂等组分按一定比例拌和制成，再经凝结硬化后形成的一种具有高抗弯强度、高韧性、高耐久性的水泥基复合材料。

2.1.2 STC 结构层 structural layer of the STC

由 STC 和钢筋网组成，并能承受桥面荷载的结构层。

2.1.3 超高韧性组合钢桥面结构 super toughness concrete-steel composite deck structure

由正交异性钢桥面板和 STC 结构层组成，通过焊钉连接而共同受力的组合桥面结构，本标准统一简称为"组合桥面结构"，见图 2.1.3。

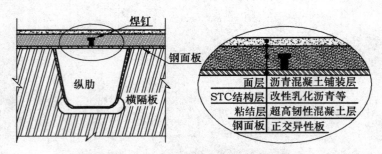

图 2.1.3 超高韧性组合钢桥面结构示意图

2.1.4 STC 接缝 joint of STC

在超高韧性混凝土分块与分幅施工和超高韧性组合钢桥面结构节段拼装施工过程中,设置于不同施工单元 STC 结构层间的连接构造。

2.1.5 STC 接缝加强钢板 strengthen plate of STC joint

设置于 STC 接缝处,用于加强接缝两侧 STC 结构层连接的钢板。

2.2 符 号

2.2.1 材料性能

STC22——抗弯拉强度标准值为 22 MPa 的超高韧性混凝土;

E_c——超高韧性混凝土的抗压/抗拉弹性模量;

E_s——钢材的弹性模量;

G_c——超高韧性混凝土的剪切弹性模量;

μ_c——超高韧性混凝土的泊松比;

f_{ck}、f_{cd}——超高韧性混凝土的轴心抗压强度标准值、设计值;

$f_{cu,k}$——边长为 100 mm 的超高韧性混凝土立方体抗压强度标准值;

f_{fk}、f_{fd}——超高韧性混凝土抗弯拉强度标准值、设计值;

f_{tk}、f_{td}——超高韧性混凝土的轴心抗拉强度标准值、设计值;

$\varepsilon_{crack,d}$——超高韧性混凝土的轴心受拉初裂应变设计值;

$[f_t^r]$——配筋的超高韧性混凝土的名义弯拉应力容许值;

$[f_{\tau,joint}^r]$——接缝处配筋的超高韧性混凝土的名义弯拉应力容许值;

3

f_{stud}——焊钉的抗拉强度；

τ_c——超高韧性混凝土的抗剪强度；

$\tau_{stc\text{-}rebar}$——STC 层-纵向抗剪钢筋间的抗剪粘结强度设计值；

$f_{weld,l}$——纵向抗剪钢筋-钢面板连接焊缝的抗剪强度设计值；

f_{vd}——钢材的抗剪强度设计值；

S_{sd}——正常使用极限状态作用（或荷载）组合的效应设计值。

2.2.2 作用和作用效应

M_k——弯矩标准值；

N_s——计算荷载下单个剪力连接件所承受的剪力；

N_V^C——剪力连接件的抗剪承载力设计值；

V_d——剪力设计值；

σ_c——STC 层的应力；

σ_s——钢主梁下翼缘应力；

S_{ud}——作用效应的组合设计值；

S_{max}——超高韧性混凝土中的最大应力水平；

S_{min}——超高韧性混凝土中的最小应力水平；

σ_{max}——超高韧性混凝土中的最大名义应力；

σ_{min}——超高韧性混凝土中的最小名义应力。

2.2.3 几何参数

A_{stud}——焊钉的钉杆截面面积；

I_o——高韧性轻型组合桥面结构梁体组合截面的换算惯性矩；

h_c——超高韧性混凝土层的厚度；

t_w——钢主梁腹板厚度；

y_c——超高韧性混凝土层顶面至组合截面弹性中性轴的距离；

y_s——钢主梁下翼缘至组合截面弹性中性轴的距离；

$C_{l,\text{rebar}}$——纵向抗剪钢筋的名义周长；

$\tau_{l,\text{rebar}}$——纵向钢筋的计算长度；

$l_{\text{weld},l}$——纵向抗剪钢筋-钢面板间焊缝的长度；

$w_{\text{weld},l}$——纵向抗剪钢筋-钢面板间焊缝的宽度。

2.2.4 计算系数及其他

γ_0——桥梁的重要性系数；

$M_{d,i}$——超高韧性混凝土层截面的弯矩设计值；

$W_{\text{eff},i}$——超高韧性混凝土层的截面抗弯模量；

n_0——钢材弹性模量与超高韧性混凝土弹性模量的比值。

3　基本规定

3.0.1　组合桥面结构设计应采用以概率理论为基础的极限状态设计方法。

3.0.2　组合桥面结构设计基准期应为 100 年。

3.0.3　组合桥面结构应进行耐久性设计，且 STC 结构层设计使用年限不宜低于 50 年，正交异性钢桥面板设计使用年限应与主体结构一致。

3.0.4　组合桥面结构中超高韧性混凝土宜采用蒸汽养护。

3.0.5　组合桥面结构在运营阶段应制订专项管养维护方案。

4 材 料

4.1 超高韧性混凝土

4.1.1 超高韧性混凝土的主要组成部分包括水泥、矿物掺合料、石英砂、石英粉、钢纤维、减水剂和水，其中水胶比宜为 0.16～0.22。

4.1.2 水泥应符合现行国家标准《通用硅酸盐水泥》GB175 的规定；宜采用 42.5 级以上硅酸盐水泥或普通硅酸盐水泥。

4.1.3 矿物掺合料宜为 I 级粉煤灰、S95 级以上的粒化高炉矿渣粉、硅灰等材料。矿物掺合料应符合现行国家标准《用于水泥和混凝土中的粉煤灰》GB/T 1596、《用于水泥和混凝土中的粒化高炉矿渣粉》GB/T 18046、《砂浆和混凝土用硅灰》GB/T 27690 等的规定，并应有出厂检验报告和产品合格证。采用其他矿物掺合料时，应通过试验进行验证。

4.1.4 石英砂和石英粉应为单粒级，性能指标应符合表 4.1.4 的规定。

表 4.1.4　石英砂和石英粉的技术指标

项 目	技术指标（%）
二氧化硅含量	≥97
氯离子含量	≤0.02
硫化物及硫酸盐含量	≤0.50
云母含量	≤0.50

4.1.5 石英砂和石英粉的筛分试验，氯离子含量、硫化物及硫酸盐含量、云母含量检验应符合国家现行标准《活性粉末混凝土》GB/T 31387 和《普通混凝土用砂、石质量及检验方法标准》JGJ 52 的规定；二氧化硅含量检验应符合现行行业标准《水泥用硅质原料化学分析方法》JC/T 874 的规定。

4.1.6 钢纤维应采用高强度钢纤维，钢纤维体积率不小于 2%。其性能指标应符合表 4.1.6 的规定，性能检验应符合附录 A 的规定。

表 4.1.6 钢纤维的性能指标

项 目	性能指标
抗拉强度（MPa）	≥2 000
长度合格率（%）	≥96
直径合格率（%）	≥90
形状合格率（%）	≥96
杂质含量（%）	≤1.0

4.1.7 减水剂应符合现行国家标准《混凝土外加剂》GB 8076 和《混凝土外加剂应用技术规范》GB 50119 的规定。应选用高性能减水剂，减水率宜大于 30%。

4.1.8 掺用改善超高韧性混凝土性能的其他外加剂时，除应符合国家现行相关标准的规定外，还应通过试验确定超高韧性混凝土性能。

4.1.9 拌合用水应符合现行行业标准《混凝土用水标准》JG J63 的规定。

4.1.10 超高韧性混凝土的强度等级应按抗弯拉强度划分，各个等级中超高韧性混凝土的抗弯拉强度、抗压强度的标准值和设计值宜符合表 4.1.10 的规定。

表 4.1.10　超高韧性混凝土标准值和设计值

强度等级	抗弯拉强度（MPa）		抗压强度（MPa）		
	标准值 f_{tk}	设计值 f_{td}	立方体抗压强度标准值 $f_{cu,k}$	轴心抗压强度标准值 f_{ck}	设计值 f_{cd}
STC22	22	15.2	120	77.4	53.4
STC25	25	17.2	140	90.3	62.3
STC28	28	19.3	160	103.2	71.2

4.1.11 超高韧性混凝土的抗剪强度宜通过试验确定。当无试验资料时，可按下式计算：

$$\tau_c = \gamma f_{ck} \qquad (4.1.11)$$

式中：τ_c——超高韧性混凝土的抗剪强度（MPa）；

γ——计算系数，一般取 0.095 ~ 0.121，本标准建议取 0.095；

f_{ck}——超高韧性混凝土的轴心抗压强度标准值（MPa）。

4.1.12 超高韧性混凝土的抗压、抗拉弹性模量采用 100 mm × 100 mm × 400 mm 的试件，按现行国家标准《普通混凝土力学性能试验方法标准》GB/T 50081 或参照现行行业标准《公路工程水泥及水泥混凝土试验规程》JTG E 30 通过试验确定。

当无试验资料时，E_c 按表 4.1.12 取值，或按公式（4.1.12）计算：

表 4.1.12　不同强度等级超高韧性混凝土的弹性模量（GPa）

超高韧性混凝土强度等级	STC22	STC25	STC28
抗压/抗拉弹性模量	37.6	40.7	43.5

$$E_c = 3\,435.6\sqrt{f_{cu,k}} \qquad (4.1.12)$$

式中：E_c——超高韧性混凝土的抗压/抗拉弹性模量（MPa）；

　　　$f_{cu,k}$——超高韧性混凝土的立方体体抗压强度标准值（MPa）。

4.1.13　超高韧性混凝土具有轴拉应变硬化特性，STC22、STC25、STC28 的轴拉强度标准值 f_{tk} 分别取为 7 MPa、8 MPa、9 MPa（设计值为 $f_{tk}/1.45$），极限拉应变设计值 ε_{td} 取固定值 3 000 με。STC 层宜采用密配筋形式以抑制裂缝发展。

4.1.14　超高韧性混凝土的泊松比 μ_c 可取为 0.2，温度线膨胀系数 α_c 可取为 $1 \times 10^{-5}/℃$。

4.1.15　超高韧性混凝土的剪切模量 G_c 按下式计算：

$$G_c = \frac{E_c}{2(1 + \mu_c)} \qquad (4.1.15)$$

式中：G_c——超高韧性混凝土的剪切模量；

　　　E_c——超高韧性混凝土的抗压/抗拉弹性模量；

　　　μ_c——超高韧性混凝土的泊松比，按照本标准第 4.1.14 条取值。

4.1.16 在不同养护条件下，超高韧性混凝土的收缩应变和徐变系数按表 4.1.16 取值。

表 4.1.16　超高韧性混凝土的收缩应变和徐变系数

养护条件	收缩应变（με）	徐变系数
高温蒸汽养护后	0	0.2
自然养护 （相对湿度 50%～70%）	550	0.8

4.2　钢筋与焊钉

4.2.1 超高韧性混凝土中的钢筋宜选用 HRB400、HRB500、HRBF400、HRBF500 钢筋，并应符合现行国家标准《钢筋混凝土用钢　第 2 部分：热轧带肋钢筋》GB 1499.2 的有关规定。

4.2.2 钢筋的抗拉强度标准值应具有不小于 95%的保证率。钢筋的抗拉强度标准值、抗拉和抗压强度设计值、弹性模量按现行行业标准《公路钢筋混凝土及预应力混凝土桥涵设计规范》JTG D62 的规定取值。

4.2.3 焊钉应符合现行国家标准《电弧螺柱焊用圆柱头焊钉》GB/T 10433 的有关规定。

4.3　其他材料

4.3.1 组合桥面结构中的防腐材料质量应符合现行行业标准《城镇桥梁钢结构防腐蚀涂装工程技术规程》CJJ 235 的有关规定。

4.4.2 保湿养生材料应符合下列规定：

1 超高韧性混凝土层保湿养护采用的节水保湿养护膜应由高分子吸水保水树脂和不透水塑料面膜制成，其质量要求可按现行行业标准《公路水泥混凝土路面施工技术细则》JTG/T F30 的规定执行。

2 高温期施工时，宜选用白色反光面膜的节水保湿养护膜；低温期施工时，宜选用黑色或蓝色吸热面膜的产品。

5 设 计

5.1 一般规定

5.1.1 组合桥面结构应进行下列极限状态设计:

    1 承载能力极限状态:应包括结构、构件和连接的强度验算、疲劳验算,结构、构件的稳定验算等。

    2 正常使用极限状态:应包括影响结构、构件正常使用的变形验算,构件和连接的应力验算,及影响结构耐久性的抗裂性验算和耐久性设计。

5.1.2 组合桥面结构设计应根据不同种类的作用及其对结构的影响、结构所处的环境条件,按下列两种设计状况,进行极限状态设计:

    1 持久状况应进行承载能力极限状态和正常使用极限状态设计。

    2 短暂状况应进行承载能力极限状态设计,必要时进行正常使用极限状态设计。

5.1.3 组合桥面结构桥梁的设计安全等级应采用一级。

5.1.4 组合桥面结构作用效应计算应符合下列要求:

    1 按弹性方法进行计算,必要时应计入结构的二阶效应。

    2 计入施工方法及顺序的影响。

    3 计入超高韧性混凝土开裂、收缩徐变及温度等因素及其次效应的影响。

5.1.5 组合桥面结构按线弹性方法计算采用下列基本假定：

1 钢与超高韧性混凝土均为理想线弹性体。

2 组合桥面结构弯曲时，超高韧性混凝土层截面与钢主梁截面符合平截面假定，材料服从胡克定律。

5.1.6 计算组合桥面结构截面特性时，应采用换算截面法，其中超高韧性混凝土层取有效宽度范围内的截面。

5.1.7 在组合桥面结构中，超高韧性混凝土层与主梁正交异性钢面板共同形成的桥面板的有效宽度 b_{eff} 应符合现行行业标准《公路钢结构桥梁设计规范》JTG D64 的有关规定。

5.1.8 组合桥面结构的温度作用应按下列规定计算：

1 计算组合桥面结构由于均匀温度作用引起的效应时，应从受到约束时的结构温度开始，计算环境最高和最低有效温度的作用效应。当缺乏实际调查资料时，最高和最低有效温度标准值可按现行行业标准《公路桥涵设计通用规范》JTG D60 的规定取值。材料线膨胀系数应按本标准第 4.1.16 条的规定取值。

2 计算组合桥面结构由于梯度温度引起的效应时，应采用图 5.1.8 所示的竖向温度梯度分布形式。温度梯度取值应按下列公式计算：

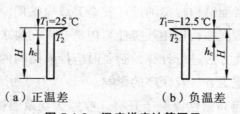

（a）正温差　　　　　（b）负温差

图 5.1.8　温度梯度计算图示

h_c—STC 层的厚度；H—组合截面全高

1）正温差时，T_2 按下式计算：

$$T_2 = 25 - 0.183 h_c \qquad (5.1.8\text{-}1)$$

式中：h_c——STC 层的厚度（mm）。

2）负温差时，T_2 按下式计算：

$$T_2 = -12.5 + 0.092 h_c \qquad (5.1.8\text{-}2)$$

式中：h_c——STC 层的厚度（mm）。

3　组合桥面结构除应考虑正常的温度效应外，尚应考虑钢材和混凝土两种材料不同线膨胀系数引起的效应影响。

4　组合桥面结构应考虑超高韧性混凝土采用高温蒸汽养护时引起的结构温度效应影响。

5.1.9　组合桥面结构设计采用的作用应按永久作用、可变作用、偶然作用、地震作用分类。作用应满足下列要求：

1　可变作用中的设计汽车荷载与人群荷载应符合现行行业标准《城市桥梁设计规范》CJJ 11 的有关规定。

2　温度作用按本标准第 5.1.8 条执行。

3　施工阶段的作用应根据实际情况确定，结构上的施工人员和施工机具设备等应视为可变作用。

4　其余作用均应符合现行行业标准《公路桥涵设计通用规范》JTG D60 的有关规定。

5.1.10　组合桥面结构设计采用的作用效应组合分为基本组合、频遇组合、准永久组合及标准组合。各作用效应组合均应符合现行行业标准《公路桥涵设计通用规范》JTG D60 的有关规定。

5.1.11　组合桥面结构应按本标准第 5.4 节的规定进行耐久性设计。

5.1.12 组合桥面结构应按本标准第 5.5 节的规定进行抗疲劳设计。

5.1.13 组合桥面结构应根据组合截面形成过程对应的各工况及结构体系进行计算。

5.1.14 组合桥面结构的设计计算可按三个结构体系进行计算，各体系的计算结果叠加后得到组合桥面结构中各构件的计算结果。

5.1.15 组合桥面结构的设计计算除应符合本标准的规定外，尚应符合现行行业标准《公路钢结构桥梁设计规范》JTG D64、《公路钢混组合桥梁设计与施工规范》JTG/T D64-01、《公路钢筋混凝土及预应力混凝土桥涵设计规范》JTG D62 的有关规定。

5.1.16 组合桥面结构面层的设计应符合现行行业标准《城镇道路路面设计规范》CJJ 169 的有关规定，面层与超高韧性混凝土层间应设置黏结层。

5.1.17 组合桥面结构的设计应包括下列内容：

    1 确定超高韧性混凝土层的强度等级与厚度、层内钢筋直径与布置间距、钢-超高韧性混凝土层结合面剪力连接件的形式及布置间距。

    2 确定组合桥面结构中正交异性钢桥面板的构造。

    3 确定组合桥面结构中的接缝形式。

5.2 承载能力极限状态计算

5.2.1 组合桥面结构的持久状况应按承载能力极限状态的要

求，进行承载能力、稳定性计算，必要时尚应进行结构的倾覆和界面滑移验算。在进行承载能力极限状态计算时，作用效应组合应采用基本组合；在进行倾覆稳定性和疲劳计算时，作用的效应组合应采用标准组合；汽车荷载应考虑冲击系数，结构材料性能采用其强度设计值。

5.2.2 组合桥面结构的承载能力极限状态应按下式计算：

$$\gamma_0 S_{ud} \leqslant R \qquad (5.2.2)$$

式中：γ_0——桥梁的重要性系数，本标准统一取值为 1.1；

S_{ud}——作用效应的组合设计值，对于汽车荷载效应应计入冲击系数；

R——构件承载能力设计值。

5.2.3 组合桥面结构 STC 结构层的抗弯承载能力计算应符合下列规定：

1 计算结构抗弯承载能力时，应考虑施工方法及顺序的影响，并应对施工过程进行抗弯验算，施工阶段作用组合效应应符合现行行业标准《公路桥涵设计通用规范》JTG D60 的有关规定。

2 截面抗弯承载能力应采用线弹性方法进行计算，以截面上任意一点达到材料强度设计值作为抗弯承载力的标志，并应符合下列规定：

$$\gamma_0 \sigma = \gamma_0 \frac{M_{d,i}}{W_{eff,i}} \leqslant f \qquad (5.2.3)$$

式中：i——变量，表示不同的应力计算阶段；

$M_{d,i}$——对应不同的应力计算阶段，作用于截面的弯矩设
　　　　　计值；

$W_{eff,i}$——对应不同的应力计算阶段，截面的抗弯模量；

f——材料的强度设计值。

3 计算结构抗弯承载力时应计入超高韧性混凝土层与主梁
正交异性钢面板共同形成的桥面板剪力滞效应的影响。

5.2.4 组合桥面结构的抗剪承载力可采用下式计算：

$$\gamma_0 \tau = \gamma_0 \frac{V_d S}{I t_w} \leqslant f_{vd} \qquad (5.2.4)$$

式中：V_d——剪力设计值。

S、I——有效截面面积矩和惯性矩。

t_w——钢主梁腹板厚度。

f_{vd}——钢材的抗剪强度设计值。

5.2.5 组合桥面结构的主梁局部稳定应符合现行行业标准《公
路钢结构桥梁设计规范》JTG D64 的有关规定。

5.3 正常使用极限状态计算

5.3.1 组合桥面结构的持久状况应按正常使用极限状态的要
求，对组合桥面结构的抗裂性和挠度进行检算。在进行正常使用
极限状态计算时，作用效应组合应采用频遇组合，汽车荷载不计
入冲击系数。

5.3.2 组合桥面结构的持久状况设计，还应计算其使用阶段的
正截面应力。在计算时，作用效应组合应采用标准组合，汽车荷

载应考虑冲击系数。

5.3.3 组合桥面结构的短暂状况的设计，应计算构件在制作、运输及安装等施工阶段由自重、施工荷载引起的截面正应力，必要时应进行承载能力极限状态下的稳定性验算和抗倾覆验算。施工荷载除有特别规定外，均应采用标准组合；温度作用效应可按施工时实际温度场取值；动力安装设备产生的效应应乘以相应的动力系数。

5.3.4 组合桥面结构的正常使用极限状态验算应符合下列规定：

$$S_{sd} \leqslant R \qquad (5.3.4)$$

式中：S_{sd}——正常使用极限状态作用（或荷载）组合的效应设计值；

　　　R——结构构件达到正常使用要求所规定的变形、应力和裂缝宽度等的限值。

5.3.5 组合桥面结构应力验算应涵盖各个构件，包括超高韧性混凝土层、剪力连接件、超高韧性混凝土接缝以及钢结构，并符合下列规定：

1 根据组合桥面结构的受力特点，各构件的应力验算需要考虑总体荷载效应与局部荷载效应的叠加。在总体荷载效应计算中，弯矩作用下超高韧性混凝土层及钢主梁法向应力可按下列公式计算：

1）超高韧性混凝土层顶面应力：

$$\sigma_c = \frac{M_k}{n_0 I_0} y_c \qquad (5.3.5-1)$$

2）正交异性钢桥面板下翼缘应力：

$$\sigma_s = \frac{M_k}{I_0} y_s \qquad (5.3.5\text{-}2)$$

式中：σ_c——相应计算阶段超高韧性混凝土层顶面应力；

σ_s——相应计算阶段正交异性钢桥面板下翼缘应力；

M_k——相应计算阶段截面弯矩标准值；

n_0——相应计算阶段钢材弹性模量与超高韧性混凝土弹性模量的比值；

I_0——相应计算阶段组合桥面结构组合截面的换算惯性矩；

y_c——相应计算阶段超高韧性混凝土层顶面至组合截面弹性中性轴的距离；

y_s——相应计算阶段正交异性钢桥面板下翼缘至组合截面弹性中性轴的距离；

2 在局部荷载效应计算中，宜建立有限元模型进行计算。STC 层中的应力计算应关注峰值应力，且应重点关注 STC 层在负弯矩区的拉应力，宜符合表 5.3.5 所示。

表 5.3.5 组合桥面结构中 STC 层主要关注位置

序号	关注位置	图示	说明
1	主梁腹板或纵隔板顶面位置		正应力，沿横桥向

序号	关注位置	图示	说明
2	横隔板顶面位置		正应力，沿纵桥向
3	纵肋腹板顶面位置—相邻横隔板间的跨中处		正应力，沿横桥向
4	纵肋腹板顶面位置—横隔板断面处		正应力，沿横桥向

5.3.6 持久状况正常使用极限状态下进行抗裂验算时，超高韧性混凝土层在作用（或荷载）效用的频遇组合下正截面的设计拉应力不应大于 $0.7f_{tk}$。

5.3.7 持久状况正常使用极限状态下，组合桥面结构的挠度验算按照图 5.3.7 的加载模式计算时，在作用（或荷载）频遇组合（汽车荷载频遇值系数取 1.0）下纵肋间的相对挠跨比不应超过 1/1 000。

图 5.3.7 局部挠度验算加载示意图

5.3.8 持久状况下，组合桥面结构的应力验算时，超高韧性混凝土层在作用（或荷载）效用的标准组合下正截面的最大压应力不宜大于 $0.50f_{ck}$。

5.3.9 短暂状况下，组合桥面结构的应力验算时，超高韧性混凝土层在作用（或荷载）效用的标准组合下正截面的最大压应力不宜大于 $0.70f_{ck}$。

5.4 耐久性设计

5.4.1 组合桥面结构应根据结构的设计使用年限及其对应的极限状态、环境类别及其作用等级进行耐久性设计。

5.4.2 组合桥面结构应进行超高韧性混凝土、钢结构和钢-混结合部的耐久性设计。

5.4.3 组合桥面结构的耐久性设计应包括下列内容：

1 明确结构与构件的设计使用年限。

2 明确结构所处的环境类别及其作用等级。

3 提出结构耐久性要求的原材料品质、耐久性指标及相关的重要参数和要求。

4 明确结构耐久性要求的构造措施。

5 提出结构耐久性要求的主要施工工序、工艺、控制措施。

6 明确与结构耐久性有关的跟踪检测、养护要求。

5.4.4 组合桥面结构 STC 层中普通钢筋的最小混凝土保护层厚度不应小于钢筋直径，且不小于 15 mm，并应符合表 5.4.4 的规定。

表 5.4.4　普通钢筋最小保护层厚度（mm）

环境类别	设计使用年限	
	50 年	100 年
I	15	20
II	20	25

5.4.5 超高韧性混凝土应选用质量稳定并有利于改善混凝土密实性和抗裂性的水泥和集料等原材料以及混凝土配合比。超高韧性混凝土的水泥、水、集料等原材料应符合相关行业标准的耐久性设计的规定。

5.4.6 钢结构耐久性设计应符合现行行业标准《城镇桥梁钢结构防腐蚀涂装工程技术规程》CJJT 235 的相关规定。

5.4.7 钢-混接触面耐久性设计应符合下列规定：

　　1 应从超高韧性混凝土配制、构造要求及施工工艺等方面防止接触面脱空。

　　2 应除去接触面钢板的氧化皮。

　　3 钢梁的防腐范围伸入钢-混结合面不宜小于一倍剪力连接件间距，且不宜小于 50 mm。

　　4 钢-混接触面应做好防、排水，必要时可设置密封胶等防水填塞料。

5.4.8 连接件耐久性设计应符合下列要求：

　　1 应防止连接件在施工过程中出现严重锈蚀。

2 混凝土浇筑前，连接件表面应无锈蚀、氧化皮、油脂和毛刺等缺陷。

5.4.9 超高韧性混凝土接缝处耐久性设计应符合下列要求：

1 应采取合理构造措施及工艺措施防止接缝处混凝土接触面脱空。

2 接缝位置宜提高构件的防腐要求，宜采用热喷涂金属复合涂层对接缝位置处的构件进行防腐处理。

3 宜加密接缝位置处超高韧性混凝土层内的钢筋布置，增强接缝位置的抗裂性能。

4 接缝混凝土浇筑前，接缝位置构件表面应无锈蚀、氧化皮、油脂和毛刺等缺陷。

5.4.10 路缘带、护栏、伸缩缝与超高韧性混凝土的接触部位宜采用热沥青、贴缝条或封缝料进行封缝防水处理。

5.4.11 组合桥面结构应采用合理的构造措施使雨水在施工和运营期，尽快排出桥外。

5.4.12 组合桥面结构的耐久性除应符合本标准的规定外，尚应符合国家现行标准《混凝土结构耐久性设计规范》GB/T 50476、《城镇桥梁钢结构防腐蚀涂装工程技术规程》CJJT 235 中的相关规定。

5.5 疲劳验算

5.5.1 疲劳荷载的选取应符合现行行业标准《公路钢结构桥梁

设计规范》JTG D64 的有关规定。

5.5.2 组合桥面结构的疲劳验算应采用容许应力幅法，应力应按弹性状态计算。容许疲劳应力幅应按构造细节分类以及应力循环次数确定。

5.5.3 验算伸缩缝附近构件时，疲劳荷载应乘以额外的放大系数，放大系数的取值按现行行业标准《公路钢结构桥梁设计规范》JTG D64 第 5.5.3 条的规定计算。

5.5.4 疲劳验算时，可采用名义应力法或热点应力法，STC 层及连接件的疲劳验算宜采用名义应力法，钢结构的疲劳验算宜采用热点应力法。

5.5.5 组合桥面结构中正交异性钢桥面板的疲劳设计与计算应符合现行行业标准《公路钢结构桥梁设计规范》JTG D64 的有关规定，疲劳设计与计算应考虑 STC 层对正交异性板的影响。

5.5.6 超高韧性混凝土的疲劳强度应符合下列规定：

1 超高韧性混凝土（含接缝）的疲劳强度以容许等效最大应力水平定义，其中容许等效最大应力水平是指超高韧性混凝土层的等效最大名义应力与 STC 结构层静力名义弯拉应力容许值之比。200 万次疲劳寿命时超高韧性混凝土层的容许等效最大应力水平为 0.51。疲劳验算时，超高韧性混凝土层的设计等效最大应力水平应按下式计算：

$$S_{max}^{e} = S_{max} - \frac{5.17}{16.76} s_{min} \qquad (5.5.6)$$

式中：S_{max}^{e} ——超高韧性混凝土层的设计等效最大应力水平；

S_{max} ——超高韧性混凝土中的最大应力水平 $\frac{\sigma_{max}}{[f_{\tau}^{r}]}$；

S_{min} ——超高韧性混凝土中的最小应力水平 $\frac{\sigma_{min}}{[f_{\tau}^{r}]}$；

$[f_{\tau}^{r}]$ ——配筋超高韧性混凝土的静力名义弯拉应力容许

值，可按 $0.7f_{tk}$ 取值；

σ_{max} ——疲劳荷载下超高韧性混凝土中的最大名义应力；

σ_{min} ——疲劳荷载下超高韧性混凝土中的最小名义应力。

2 超高韧性混凝土层的疲劳细节分类应符合表 5.5.6 的
规定。

表 5.5.6　STC 层的疲劳细节及分类

500万次疲劳强度（MPa）	200万次疲劳强度（MPa）	细节位置及示意图	细节描述和施工要求
$0.48 f_{t}^{r}$	$0.51 f_{t}^{r}$	STC 层连续区域 STC 层连续区域 ①	①STC 层连续浇筑

500万次疲劳强度（MPa）	200万次疲劳强度（MPa）	细节位置及示意图	细节描述和施工要求
$0.48\,f^r_{t,joirt}$	$0.51\,f^r_{t,joirt}$		②先浇-后浇交界区域，设置STC接缝

5.5.7 组合桥面结构中剪力连接件的疲劳设计与计算应符合现行行业标准《公路钢混组合桥梁设计与施工规范》JTG/T D64-01 的有关规定。连接件主要疲劳细节分类应符合表5.5.7的规定。

表 5.5.7 连接件主要疲劳细节及分类

500 万次 疲劳强度 （MPa）	200 万次 疲劳强度 （MPa）	细节位置及示意图	细节描述及施工要求
54* （$m=8$）	60* （$m=8$）		① 计算焊钉的剪应力幅； 疲劳验算宜采用名义应力法
67* （$m=5$）	80* （$m=5$）		② 计算焊接水平钢筋网剪力连接件中焊缝 1 的剪应力幅； 疲劳验算宜采用名义应力法
66	80		③ 位于焊接焊钉底部的钢面板

5.5.8 组合桥面结构桥梁的疲劳验算除应符合本标准的规定外，尚应符合国家现行标准的有关规定。

5.6 剪力连接件设计与计算

5.6.1 组合桥面结构中剪力连接件的选用应保证超高韧性混凝土层与钢主梁能有效地组合并共同承担作用。

5.6.2 组合桥面结构中的剪力连接件，应通过计算得到其最大剪力，并与连接件的剪力限值进行比较。

5.6.3 组合桥面结构中局部荷载效应显著，剪力连接件内力的计算宜采用有限元分析法。计算中应建立整体计算模型和局部计算模型，并将计算结果进行叠加。

5.6.4 组合桥面结构中剪力连接件宜采用焊钉，也可采用焊接水平钢筋网等形式。

5.6.5 在正常使用极限状态下，组合桥面结构中，在作用（或荷载）效用标准组合下单个剪力连接件承担的剪力值不应超过75%的抗剪承载力设计值。

5.6.6 单个焊钉连接件的抗剪承载力设计值应按下式计算：

$$N_v^c = 1.19 A_{stud} f_{stud} \left(\frac{E_c}{E_s} \right)^{0.2} \left(\frac{f_{cu}}{f_{stud}} \right)^{0.1} \tag{5.6.6}$$

式中： N_v^c——焊钉的抗剪承载力设计值；

E_c——超高韧性混凝土的弹性模量；

E_s——焊钉的弹性模量；

A_{stud}——焊钉钉杆截面面积；

f_{stud}——焊钉抗拉强度，当焊钉材料性能等级为 4.6 级时，取 400 MPa；

f_{cu}——边长为 100 mm 的超高韧性混凝土的立方体抗压强度标准值。

5.6.7 在焊接水平钢筋网剪力连接件中，每个焊点的抗剪承载力设计值应按下式计算：

$$N_v^c = \tau_{stc-rebar} C_{l,rebar} \tau_{l,rebar} \leqslant f_{weld,l} l_{weld,l} w_{weld,l} \tag{5.6.7}$$

式中： N_v^c——焊钉的抗剪承载力设计值（N）；

$\tau_{stc-rebar}$——STC 层-纵向抗剪钢筋间的抗剪黏结强度设计值（MPa），对于带肋钢筋，本标准取为 8.5 MPa；

$C_{l,\text{rebar}}$——纵向抗剪钢筋的名义周长（mm）；

$\tau_{l,\text{rebar}}$——纵向钢筋的计算长度，取为相邻两道横向抗剪钢筋的间距（mm）；

$f_{\text{weld},l}$——纵向抗剪钢筋-钢面板间焊缝的抗剪强度设计值（MPa），本标准取为 120 MPa；

$l_{\text{weld},l}$——纵向抗剪钢筋-钢面板间焊缝的长度（mm）；

$w_{\text{weld},l}$——纵向抗剪钢筋-钢面板间焊缝的宽度（mm）。

5.6.8 剪力连接件的数量应确保 STC 层与钢桥面板形成牢固的组合作用，在车轮荷载下的局部正弯矩区域，STC 层底面的最大拉应力不得超过其轴拉强度设计值。计算的作用效应组合应采用基本组合。

5.6.9 剪力连接件应按本标准第 5.5 节的规定进行疲劳应力验算，验算内容应包含总体荷载效应和局部荷载效应。

5.7 接缝设计与计算

5.7.1 超高韧性混凝土装配化施工或分段、分幅、分块浇筑时，应在先浇-后浇连接部位设置接缝。接缝构造形式应按本标准第 5.7.4 条的规定执行。

5.7.2 超高韧性混凝土接缝处应按本标准第 5.3.6 条的规定对超高韧性混凝土的名义拉应力进行验算，在作用（或荷载）效用频遇组合下接缝处的设计名义弯拉应力不应大于 $0.45f_{\text{tk}}$。

5.7.3 超高韧性混凝土浇筑应根据接缝所处的部位、作用效应的影响制定合理的浇筑顺序。

5.7.4 超高韧性混凝土施工接缝处应做强化处理。超高韧性混凝土的接缝形式可采用下列方案：

1 含异型加强钢板的接缝方案（图 5.7.4-1）。

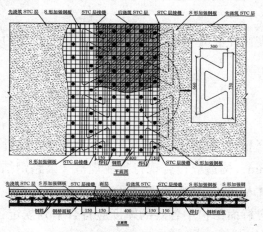

图 5.7.4-1 含异型加强钢板的接缝方案（单位：mm）

2 矩形接缝方案（图 5.7.4-2）。

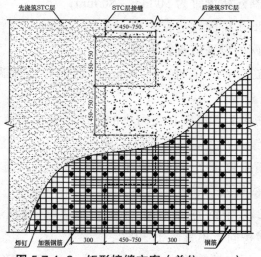

图 5.7.4-2 矩形接缝方案（单位：mm）

5.7.5 超高韧性混凝土接缝应按本标准第 5.5 节的规定进行疲劳应力验算。

5.7.6 超高韧性混凝土接缝应按本标准第 5.4 节的规定进行耐久性设计。

5.8 构造要求

5.8.1 组合桥面结构中车行道部分的正交异性钢桥面板板厚不宜小于 14 mm，构造应符合现行行业规范《公路钢结构桥梁设计规范》JTG D64 的有关规定。

5.8.2 组合桥面结构中各层的厚度应符合下列规定：

　　1 STC 层的厚度宜为 50 mm ~ 80 mm。

　　2 沥青混凝土面层的厚度应符合下列规定：

　　　　1）新建桥梁宜为 50 mm ~ 80 mm；

　　　　2）旧桥桥面改造宜为 30 mm ~ 50 mm。

5.8.3 钢筋网的设置应符合下列规定：

　　1 钢筋直径不宜小于 10 mm，钢筋中心间距不宜大于 80 mm。

　　2 钢筋接头宜设置在受力小的区段，宜采用焊接或绑扎的方式，并应错开布置。搭接长度不宜小于 20 倍的钢筋直径。

　　3 钢筋应包含横桥向和纵桥向两层钢筋。宜将纵桥向钢筋置于下层，横桥向钢筋置于上层。

　　4 STC 层中钢筋配筋率应按面积率计算，最小单向配筋率（纵桥向或横桥向）不宜小于 3.0%。

　　5 STC 层中钢筋的锚固长度不应小于 9 倍的钢筋直径。

5. 8. 4 焊钉的设置应符合下列规定：

1 焊钉的钉柱直径不宜小于 9 mm。

2 焊钉的布置形式宜为矩阵式。

3 焊钉间距不应大于 300 mm。当焊钉间距大于 250 mm 时，应将桥面板外周一圈的焊钉加密一倍。

5. 8. 5 超高韧性混凝土分段浇筑时，接缝宜设置在拉应力较小的区域，且应满足下列要求：

1 横缝应设置在相邻两道横隔板间的跨中断面前后 $S_d/4$ 范围内，其中 S_d 为横隔板的纵向间距。

2 当钢主梁在行车道区域存在主梁腹板（或纵隔板）时，纵缝应设置在相邻两道主梁腹板（或纵隔板）间的中间截面左右 $S_{wb}/4$ 范围内，其中 S_{wb} 为主梁腹板（或纵隔板）的横向间距；当钢主梁在行车道区域未设置主梁腹板（或纵隔板）时，纵缝应设置在相邻两道纵向加劲肋的中间断面左右 $S_{rb}/4$，其中 S_{rb} 为加劲肋的横向间距。

3 接缝宽度不宜小于 40 cm。

5. 8. 6 超高韧性混凝土层上表面的处理，应根据不同的面层，采用相应的界面处理技术。

6 施 工

6.1 一般规定

6.1.1 组合桥面结构的施工应选择具有相关工程经验或经过培训的技术人员和具有专业施工设备的单位。

6.1.2 施工前，应制定详细的施工组织设计，建立质量控制体系，确定施工质量的有效控制方法，并应对负责各工序的施工人员进行岗前培训及技术交底。

6.1.3 组合桥面结构的工期安排应避开降雨时段和低温时段，施工时气温应在 5 ℃ 以上，并应做好预防措施。

6.1.4 对于数量、规模大的桥面工程，STC 层应分幅、分段施工。

6.1.5 每道工序完工后，应进行质量检验，确认合格后才能进入下一道工序的施工。

6.1.6 施工缝的设置应符合下列要求：

    1 采用现浇施工方法时施工接缝位置与形式应满足设计要求。

    2 采用节段预制施工方法时，以钢主梁的自然节段为超高韧性混凝土层的施工单元，节段间的湿接缝按设计要求施工。

6.1.7 超高韧性混凝土养护采用蒸汽养护时，宜设置专用蒸汽养护棚或蒸汽养护房。

6.2 施工准备

6.2.1 施工前，应根据工程规模、现场条件等制订施工方案，编制施工组织设计文件。

6.2.2 应按施工组织计划，组织施工设备、试验仪器进场，并应做好安装、调试及标定工作。

6.2.3 施工前，应对路段内施工的钢桥面进行封闭。施工时，除施工中必需的设备人员外，严禁任何车辆、机具及人员通行，确保工作面的洁净、干燥，并应防止施工过程中对工作面的污染。

6.2.4 应按材料使用计划，组织材料进场，并应做好试验、检验及复检工作，严禁不合格材料进场。

6.2.5 应根据设计要求、工程经验和原材料性能指标，制定满足工程要求的材料施工配合比。

6.2.6 应按工程用量、进度计划等提前预拌 STC 干混料，应按规定储存于干燥、通风、防潮、不受雨淋的场所，并应按品种、批号分别堆放，不得混堆混用，应先存先用，按要求妥善装料、运输，且应在进场前进行检验。

6.3 桥面预处理

6.3.1 旧钢桥桥面铺装翻修施工时，应在焊接焊钉前，清除原桥面铺装层及黏结层等，并应清洗钢桥面板，实施喷砂除锈使其达到设计要求的指标。对于新建钢桥，应按设计要求对桥面进行处理。

6.3.2 旧钢桥桥面铺装翻修施工时，清除原桥面铺装层及黏结层的过程中，应符合下列要求：

    1 在铣刨原铺装层的过程中，应严格控制铣刨深度，不得损伤桥面钢板。

    2 清除钢桥面板的油、油脂、盐分及其他污垢，并应采用高压清洗机喷射清洁，直至钢板洁净、干燥。

    3 清洗完钢桥面板后，应对钢桥面板锈蚀、污染状况进行检查，同时检查钢桥面板范围内有无孔洞并按设计要求处理。

6.3.3 旧钢桥桥面铺装翻修施工时，钢桥面板的喷砂除锈施工应符合下列规定：

    1 钢板表面若有锐边、飞溅、不光滑焊缝及切割边缘等缺陷，应先用工具打磨。

    2 现场喷砂除锈宜采用全自动无尘喷砂设备，喷砂除锈完成后，应对除锈后的钢板进行保护，严禁二次污染；特殊边角部位，可手持压缩空气喷砂设备进行喷砂处理。

    3 应采用部分带棱角的磨料，比例应按粗糙度要求、钢板表面状况通过试验确定。

    4 大气相对湿度不宜大于 85%，并应保持通风，严禁雨淋。

    5 喷砂除锈完成后，应立即检查钢板的清洁度和粗糙度。

6.4 焊钉焊接

6.4.1 焊钉焊接前钢桥面板应清洁干燥，无水、氧化皮、锈蚀、非可焊涂层、油污、灰尘等杂质。

6.4.2 焊接前应清除焊钉上的锈迹等杂质。瓷环应保持干燥状态，如受潮应在使用前经 120 ℃～150 ℃ 的温度烘干 2 h。

6.4.3 宜按设计的焊钉布置位置在钢桥面板上画墨线定位。当焊钉加密时，定位中应先定位出普通位置点，再定位出加密位置点。

6.4.4 当焊钉的设计位置与钢桥面板对接焊缝位置冲突时，应将焊钉偏离焊缝边界 2 cm ~ 3 cm，严禁直接在焊缝上焊接焊钉。

6.4.5 现场焊钉焊接前，应采用手磨机对每个焊钉位置进行局部打磨，打磨范围直径为 2 cm ~ 4 cm，确保焊接处钢桥面板表面平整、光滑、洁净。

6.4.6 焊钉焊接的工艺参数应通过焊接工艺评定确定。工艺评定采用在同母材规格的试板上试焊，试验结果应符合现行国家标准《电弧螺柱焊用圆柱头焊钉》GB/T 10433 的有关规定。

6.4.7 焊钉焊接完成后，应清除墨线、焊渣、瓷环和杂物，并用重锤进行敲击检查，再用环氧富锌漆对焊接处进行修补。

6.4.8 当环境温度低于 5 ℃，或相对湿度大于 80%，或钢板表面潮湿时，不得焊接焊钉。雨雪天气严禁露天作业。

6.4.9 超高韧性混凝土接缝处焊钉布置不同于其他区域，施工时应注意焊钉位置的变化及施焊顺序。

6.4.10 焊钉焊接完成后，应按耐久性设计进行防腐涂装。

6.5 钢筋网铺设

6.5.1 钢筋网铺设前，应根据设计图纸对钢筋网进行纵向、横向定位，并应摆放好钢筋垫块。

6.5.2 钢筋的搭接长度应符合本标准第 5.8 节的规定。

6.5.3 如钢筋位置与焊钉布置有冲突，可适当调整钢筋位置。

6.5.4 钢筋网的绑扎应采用镀锌钢丝，绑扎完毕后，扎丝末端应朝向钢面板。

6.6 STC现浇施工

6.6.1 干混料的计量应采用电子计量设备，并应定期校验。干混料生产单位每月应至少自检一次。每一工作班开始前，应对计量设备进行零点校准。

6.6.2 当对干混料的质量有怀疑，或干混料受潮或存放时间超过3个月时，应重新取样复验，复验合格后才能使用。

6.6.3 拌和应根据工程规模、施工工艺和进度要求合理配备搅拌设备，宜采用专业拌和设备。

6.6.4 超高韧性混凝土宜采用干混料集中湿拌或现场加水拌和，并应符合下列规定：

1 拌和前，应根据施工配合比，准确计量干混料、水的重量；干混料的容许计量偏差不应大于±2%，水的容许计量偏差不应大于1%。

2 拌和时置于同一包装件中的干混料应一次搅拌完成，不得分盘搅拌。

3 搅拌前应清理搅拌机，湿润搅拌缸但不能有积水。

4 搅拌时间应根据混合物的粘聚性、均质性及搅拌机类型，经试拌确定，且每盘混合料的净搅拌时间不宜少于5 min。待超高韧性混凝土流化之后继续搅拌2 min。

5 搅拌应保证拌合物均匀，出料口拌合物中不得有钢纤维结团现象。

6 搅拌结束后，应及时清洗搅拌设备。

6.6.5 超高韧性混凝土拌合物的坍落度，应在搅拌地点和浇筑地点分别随机取样检测，每一工作班不应少于两次。评定时应以浇筑地点的测值为准。

6.6.6 运输过程中应保证拌合物均匀，不产生离析，满足施工工作性能要求。

6.6.7 浇筑前，应对钢桥面板表面、接缝位置的 STC 或者普通混凝土进行洒水润湿，但不得有积水。

6.6.8 超高韧性混凝土的布料摊铺应采用专业摊铺设备，确保摊铺平整及振捣密实，且不应有离析现象，并应符合下列规定：

1 摊铺前，应检查设备状态，且应使设备工作面处于湿润状态。

2 摊铺前，应根据摊铺厚度、坍落度大小，确定摊铺速度，保证施工连续性。

3 摊铺过程中，应派专人进行摊铺厚度检查并及时反馈修正。

4 边角、预留孔等摊铺机无法摊铺的局部位置，可采用人工布料，宜用平板振动器振捣密实，必要时辅以振动梁振捣整平。

6.6.9 超高韧性混凝土浇筑过程中的抹面宜采用搭设于两侧滑轨上的工作台车，人工站立在工作台车上进行。在抹面过程中，边抹边用铝合金直尺检测成型后的表面平整度，检测结果应符合规定要求。

6.6.10 当采用分块浇筑时，可按设计要求设置矩形接缝或者异型钢板接缝；浇筑超高韧性混凝土前应在接缝位置设置竖向模板，以明确区分先浇-后浇区域的界限。

6.6.11 对于设置加强钢板的 STC 接缝，加强钢板的焊接施工应符合下列规定：

1 焊接加强钢板前，应确保该区域的钢桥面板清洁、平整、光滑。

2 加强钢板的周围与钢桥面板通过角焊缝连接，宜采用间断焊缝。

3 焊接施工完成后，应清除接缝区域的焊渣和杂物。

6.6.12 应对接缝位置先浇段的超高韧性混凝土进行凿毛处理，凿毛施工应符合下列规定：

1 凿毛应从接缝处断面开始，凿毛的宽度应严格符合设计要求；若设计未提出要求，应保证凿毛宽度不小于 1 cm，并使钢纤维裸露。

2 凿毛面应竖直，不应出现明显偏斜的情况。

3 凿毛后，应以风机吹除遗留在钢桥面板上的超高韧性混凝土屑末。

6.7 STC 养护

6.7.1 超高韧性混凝土养护包括摊铺后的保湿养护和终凝后的高温蒸汽养护。

6.7.2 超高韧性混凝土摊铺完成后，应及时喷水雾保持超高韧性混凝土表面湿润、用养生薄膜覆盖进行保湿养护，并应符合下列规定：

1 养生薄膜应搭接铺设，搭接位置宜采用方木或砂粒覆盖，搭接宽度应大于 20 cm。

2 覆盖养生薄膜时，不应损坏超高韧性混凝土。

3 保湿养护过程中，应加强巡查力度，发现有缺水部位时，应及时补水养护。

4 超高韧性混凝土终凝后，应撤除养生薄膜并及时开始高温蒸汽养护。

6.7.3 高温蒸汽养护宜采用蒸汽锅炉、蒸汽管道和蒸汽养护棚等设备，并应符合下列规定：

1 养护前，应根据养护面积计算好蒸汽锅炉功率、保温棚的规格、数量。

2 养护前，应根据现场条件和养护要求确定架子搭设、锅炉布置及养护方案。

3 蒸汽养护棚应具有足够的强度、刚度、稳定性及密封性，确保 STC 临空面有蒸汽流动。

4 蒸汽养护棚内应合理设置温、湿度监控点，确保能全方位监控棚内温、湿度情况。

5 养护温度在 80 ℃～90 ℃ 时，养护时间不应少于 72 h；养护温度在 90 ℃ 及以上时，养护时间不少于 48 h。养护过程中蒸汽养护棚内的相对湿度不应低于 95%。

6 蒸汽高温养护时的升温阶段，升温速度不应大于 12 ℃/h；养护结束后，应以不超过 15 ℃/h 的降温速度将温度逐渐降至现场气温。

7 STC 分幅、分段施工时，蒸汽养护棚覆盖范围至少应超过接缝 2 m。

6.8 STC结构层预制节段施工

6.8.1 STC结构层节段预制施工应在钢梁节段整体组装成型后、防腐涂装前进行。

6.8.2 钢梁节段超高韧性混凝土层施工时，应按设计要求预留吊装孔、锚索位置、泄水孔等位置。

6.8.3 钢梁节段运输、吊装、拼接过程应防止损坏和污染超高韧性混凝土层。

6.8.4 钢梁现场拼装成型后应按设计要求进行超高韧性组合桥面结构的湿接缝施工，接缝形式应符合本标准第5.7.4条的规定。

6.8.5 每个钢梁节段接缝位置应设置异型加强钢板，节段四周0.5 m宽位置宜采用加强型防腐涂装。

6.8.6 每个节段 STC 结构层的施工要求应符合本标准第 6.4～6.7节的规定。

6.8.7 预制好的梁段经检验合格后安全运至工地备用；堆放过程应采取必要措施防止梁段受损、变形、被腐蚀。

6.8.8 钢梁架设安装应符合现行行业标准《城市桥梁工程施工与质量验收规范》CJJ2 的有关规定。

6.8.9 钢梁节段全部吊装就位后，应对湿接缝位置的 STC 进行凿毛处理，并符合本标准第 6.6.12 条的规定。

6.8.10 节段间的钢筋搭接宜采用焊接方式，双面焊接长度不小于 5d，单面焊接长度不小于 10d。

6.8.11 超高韧性混凝土湿接缝浇筑应符合下列规定：

    1 浇筑前应清除焊渣等杂物，并洒水湿润表面，但不能有积水。

2 湿接缝位置的超高韧性混凝土的强度等级，应比工厂预制时采用的 STC 高一个等级。

3 拌和的超高韧性混凝土坍落度应符合设计要求，可采用手推车人工输送。

4 应采用平板振动器振捣密实，不可插捣。

6.8.12 湿接缝位置超高韧性混凝土应进行保湿养护及高温蒸汽养护，并符合本标准第 6.7 节的规定。

6.9 面层施工

6.9.1 面层铺装施工前应对超高韧性混凝土层表面进行糙化处理，STC 表面粗糙度指标应满足设计要求。

6.9.2 采用抛丸方式糙化 STC 表面时应符合下列规定：

1 抛丸施工前应清除 STC 表面的油渍、杂物、积水等，确保桥面干燥、清洁。

2 大面积抛丸施工前应通过抛丸工艺试验，确定最佳丸料规格、丸料流量及最佳电机负载、抛丸设备行走速度等关键工艺参数。

3 抛丸过程应连续作业，如因特殊原因造成抛丸停机，在下次重抛之前将机器倒退 30 cm 左右，再重新开始抛丸，待机器行走过去后，应及时检查搭接区域抛丸质量，如有遗漏再进行补抛。

4 抛丸施工时，抛丸设备两次施工行车道之间需搭接 1 cm ~ 3 cm 的宽度。

5 抛丸后应清洗桥面，确保 STC 表面具有良好的清洁度，无浮灰、浮浆、碎屑等杂物；并对桥面进行保护，避免二次污染。

6 在面层施工前，抛丸施工不宜过早进行。

6.9.3 糙化处理后的 STC 表面应喷洒黏层油，黏层油宜采用改性乳化沥青、水性环氧沥青等。

6.9.4 面层的施工应参照现行行业标准《城镇道路工程施工与质量验收规范》CJJ1 的规定实施。

6.10　特殊气候条件施工

6.10.1 STC 浇筑施工前，应预先收集当地月、旬、日天气预报资料。遭遇特殊气候条件时，应按特殊天气专项施工组织方案和应急处理预案采取相应措施。

6.10.2 遇下列天气条件之一者，不宜进行 STC 浇筑施工：

1 现场降雨或下雪。

2 风力达到 6 级或 6 级以上的强风天气。

3 现场气温高于 35 ℃，或钢桥面温度高于 50 ℃，或待摊铺拌合物温度高于 35 ℃。

4 施工现场环境温度低于 5 ℃。

6.10.3 雨期施工应符合下列规定：

1 应准备足量的防雨篷、帆布和塑料布或塑料薄膜等防雨器材和材料。防雨篷支架宜采用方便安装和拆卸的钢结构。

2 STC 浇筑摊铺过程中遭遇降雨，当降雨影响 STC 层表面质量时应停止施工，并对已浇筑部分 STC 层进行防雨遮挡，等待雨停后继续施工；若需不停顿继续进行浇筑施工，应搭设防雨棚，保证 STC 浇筑不受下雨影响。

3 对已被雨水冲刷的 STC 层应及时修补、整平，保证其质量满足要求。局部破坏较严重的 STC 面层应及时铲除重铺。

4 重新开工前应清除桥面及设备内积水。

6.10.4 刮风天施工应符合下列规定：

1 STC 浇筑过程中，应及时覆盖养生薄膜进行保湿养护；养护膜表面应采取防风稳固措施，防止养护膜被大风吹破或掀起。

2 养生过程中，应有专人负责巡视和检查，发现养护膜有被风掀起或吹破的情况，应重新洒水，恢复覆盖。

6.10.5 桥位铺筑现场连续 4 h 平均气温高于 30 ℃ 或日间最高气温高于 35 ℃ 时，STC 施工应符合下列规定：

1 高温期宜选择在早晨、傍晚或夜间施工，避开中午高温时段。夜间施工应有良好的操作照明，并确保施工安全。

2 施工中应随时检测气温、干混料、搅拌水、拌合物温度，监控 STC 面层温度，温度过高时应及时采取防高温和降温措施。

3 高温期施工时，应控制混凝土拌合物的出料温度低于 35 ℃。

4 保湿养护时，应控制养生水温与 STC 层表面的温差不大于 12 ℃；不得采用冰水或冷水养生。

6.10.6 当施工现场环境温度处于 5 ℃～10 ℃ 时，应采取适当的保温覆盖措施，并随时检测气温和干混料、拌合水及桥面的温度。

7 检验与验收

7.1 一般规定

7.1.1 组合桥面结构工程的分部工程、分项工程划分应符合现行行业标准《城市桥梁工程施工与质量验收规范》CJJ 2 的有关规定。

7.1.2 应根据质量管理要求，对施工各工序的质量进行检查、控制，并应达到所规定的质量要求，确保施工质量。

7.1.3 沥青混凝土面层的施工检验可参考现行行业标准《城镇道路工程施工与质量验收规范》CJJ 1 的有关规定执行。

7.1.4 所有与组合桥面结构施工有关的原始记录均应如实保存。

7.2 原材料进场检验

7.2.1 原材料进场时，应按规定批次验收出厂检验报告或合格证等质量证明文件，外加剂产品还应检查是否具有使用说明书。

7.2.2 原材料进场检验的检验样品应随机抽取。

7.2.3 原材料的检验批量应符合下列规定：

1 钢筋、钢纤维、焊钉按进场的批次和产品的抽样检验方案确定，且同一工程、同一原材料来源、同一组生产设备生产的成型钢筋，检验批量不应大于 60 t；同一工程、同一原材料来源、同一组生产设备生产的钢纤维，检验批量不应大于 50 t；同一工程、同一规格、同一焊接工艺的焊钉焊接接头，每 5 000 个为一批，不足 5 000 个也按一批计。每批抽样比例不小于已焊焊钉总数的 1%，且不少于 10 个。

2 不同批次或非连续供应的不足一个检验批量的超高韧性混凝土干混料应作为一个检验批。

7.2.4 干混料进场时，除应按规定批次提供产品检验报告等质量证明文件外，还应进行外观检验和物理力学性能检验，并应符合下列规定：

1 散装干混料应外观均匀，无结块、受潮现象。

2 袋装干混料应包装完整，无破袋、受潮现象。

3 按推荐用水量拌制新拌混凝土，流动性应符合施工要求。

4 按推荐用水量拌制新拌混凝土，抗弯拉强度应大于相应强度等级标准值的 1.1 倍。

7.3 质量检验

7.3.1 钢桥面清理除锈应符合下列规定：

1 一般项目应符合下列规定：

1）钢桥面板表面应光亮、清洁和干燥，不得留有垃圾、污垢、杂物及活浆，不符合要求时必须进行处理。

2）钢桥面板应无损伤和坑洞，但近距离应能观察到经喷砂除锈后形成的局部压痕。

3）施工时相对湿度不应大于 85%，采用湿度计测量，每班测 1 次，严禁淋雨。

2 主控项目应符合表 7.3.1 的规定。

表 7.3.1　桥面清理除锈主控项目

项 次	检查项目	要求	检测方法和频率
1	锈蚀情况	无蓝点	氰化钾试纸测试，按《可溶铁腐蚀产物的现场测试标准》ISO 8502-1,每 200 m² 检测 1 处
2	桥面清洁度	≥Sa2.5 级或满足清洁度	目视比较法，按《涂装前钢材表面锈蚀等级和除锈等级》GB 8923,每 200 m² 检测 1 处
3	桥面粗糙度	满足设计要求	比较样块法，按《涂装前钢材表面粗糙度等级的评定》GB/T 13288,每 200 m² 检测 1 处

7.3.2　焊钉质量应符合下列规定：

1　一般项目应符合下列规定：

1）焊钉应位置准确、整齐，无明显错位，焊钉质量应符合设计要求和国家现行标准《电弧螺栓焊用圆柱头焊钉》GB/T 10433。

2）焊钉应保持竖直，无明显倾角，倾角一般不能超过 10°。

3）焊缝外形应饱满，无气孔、夹渣、裂纹等明显缺陷。

4）当焊钉的设计位置与钢桥面对接焊缝位置冲突时，应将焊钉偏离焊缝位置 2～3 cm。

5）焊钉的焊接质量不满足要求时，应清除并在原位置附近重新焊接焊钉。

2　主控项目应符合表 7.3.2 的规定。

表 7.3.2　焊钉焊接主控项目

项 次	检查项目	允许偏差	检测方法和频率
1	焊钉高度	≤3 mm	钢尺测量，检查 1%，且不少于 10 个
2	焊缝可靠性	≤5%	重锤平击钉帽，检查 1%，且不少于 10 个

7.3.3 接缝处加强钢板的焊接应符合下列规定：

1 一般项目应符合下列规定。

1） 接缝处加强钢板应摆放平齐，无明显偏差，各加强板块间应相互紧靠，布置位置应准确。

2） 间断焊缝应饱满，焊缝表面平整，无气孔、夹渣、裂纹等明显缺陷。

2 主控项目应符合表7.3.3的规定。

表7.3.3　加强钢板焊接检验一般项目

项　次	检查项目	允许偏差	检测方法和频率
1	焊缝高度	≤0.5 mm	钢尺测量，每5 m加强板检测1处
2	焊缝宽度	≤0.5 mm	钢尺测量，每5 m加强板检测1处
3	焊缝长度	≤1 mm	钢尺测量，每5 m加强板检测1处

7.3.4 钢筋网铺设符合下列规定：

1 一般项目应符合下列规定：

1） 钢筋应符合设计要求和国家现行标准。

2） 钢筋网铺设时，其级别、直径、间距、层数及相对位置应符合设计规定。

3） 绑扎钢筋前，应在钢桥面板上设置垫块，垫块高度应符合设计规定。垫块应错开设置在钢筋与钢桥面板之间，应布置合理，密度均匀。

4） 钢筋网宜采用镀锌钢丝绑扎，丝径宜为 0.7 mm ~ 2.0 mm，且铁丝丝头应朝向钢桥面板。

5） 钢筋网纵、横桥向间距应均匀，上层钢筋顶面与焊钉钉帽顶面的高度差应基本均匀。

6）钢筋接缝布置合理，位置错开，接缝长度满足要求，接缝焊接或绑扎应牢固。

7）钢筋网间应洁净、无积水和杂物。

2 主控项目应符合表 7.3.4 的规定。

表 7.3.4　钢筋网铺设主控项目

项　次	检查项目	允许偏差	检测方法和频率
1	钢筋搭接长度	≤10 mm	钢尺测量，每 100 m² 检测 1 处
2	钢筋网高度	≤3 mm	钢尺测量，每 100 m² 检测 1 处
3	钢筋网间距	≤10 mm	钢尺或游标卡尺测量，每 100 m² 检测 1 处

7.3.5 超高韧性混凝土层摊铺施工应符合下列规定：

1 一般项目应符合下列规定：

1）模板高度和安装位置应符合设计规定。

2）摊铺机性能应满足其摊铺宽度、摊铺高度、摊铺速度等施工要求。

3）原材料质量应符合本标准的规定。

4）摊铺前，应进行试拌，确定搅拌时间，并应对强度、弹性模量、坍落度等进行检验，且应满足国家现行标准及设计要求。

5）摊铺前，应通过试验和施工经验确定松铺厚度、摊铺速度。

6）摊铺过程中，应按设计要求检验摊铺厚度，并应及时调整。

7）摊铺时，布料应均匀，振捣应充分，确保铺装密实，表面平整。

8）摊铺完，应及时覆盖塑料养生薄膜，并应洒水保湿养生。

9）高温蒸汽养护前，应对养护设备、供热管道及保温棚进行安装和调试。

10）取样试块需与摊铺超高韧性混凝土层同条件养护。

11）STC 结构层蒸养完成后须进行外观检查，重点检查表面裂纹和施工接缝处的衔接。

2 主控项目应符合表 7.3.5-1 ~ 3 的规定。

表 7.3.5-1 超高韧性混凝土性能主控项目

项 次	检查项目	检测方法和频率	性能要求
1	抗压强度	$100\ mm \times 100\ mm \times 100\ mm$ 立方体试件抗压试验，每 $50\ m^3$ 检测 1 组	$f_{cu,m} - 1.1Sf_{cu} \geq f_{cu,k}$ $f_{cu,min} \geq 0.95 f_{cu,k}$
2	抗弯拉强度	$100\ mm \times 100\ mm \times 400\ mm$ 棱柱体试件抗弯拉试验，每 $50\ m^3$ 检测 1 组	$f_{f,m} \geq 1.05 f_{fk}$ $f_{f,min} \geq 0.95 f_{fk}$
3	弹性模量	$100\ mm \times 100\ mm \times 300\ mm$ 棱柱体试件轴压试验，每 $50\ m^3$ 检测 1 组	按设计要求
4	坍落度	水泥混凝土坍落度试验标准方法，每 $50\ m^3$ 检测 1 次	$\geq 180\ mm$ $\leq 280\ mm$

注：$f_{cu,m}$ 和 $f_{cu,min}$ 分别为超高韧性混凝土立方体抗压强度的平均值和最小值，$f_{f,m}$ 和 $f_{f,min}$ 分别为超高韧性混凝土的抗弯拉强度的平均值和最小值。

表 7.3.5-2 超高韧性混凝土层施工主控项目

项 次	检查项目	允许偏差	检测方法和频率
1	STC 层厚	满足最低厚度要求,平均层厚按设计要求控制	摊铺过程中，将直钢丝插入到超高韧性混凝土的底部，以直尺测量钢丝的浸润深度，每 $40\ m^2$ 检测 1 处

表 7.3.5-3　超高韧性混凝土层施工主控项目

项　次	检查项目	允许偏差	检测方法和频率
1	桥面横坡	≤0.2%	每 100 m 单幅桥面检测 1 处
2	平整度	符合设计要求	全桥每车道连续检测，每 100 m 检测一处

7.3.6　沥青面层施工质量验收评定应符合现行行业标准《城镇道路工程施工与质量验收规范》CJJ 1 的有关规定。

7.4　质量验收

7.4.1　质量验收评定工作应在符合下列规定的前提下进行：

1　使用的原材料、半成品、成品及施工工艺应符合设计、技术标准和规范要求的规定，检验结果应经监理工程师检查认可。

2　无严重外观缺陷，且质量保证资料应真实、齐全。

7.4.2　质量保证资料应包括下列内容：

1　所用原材料、半成品和成品的质量检验结果。

2　施工配合比、重要工序交接检查等检查记录。

3　各项质量控制指标的试验数据和质量检验资料。

4　施工过程中遇到的非正常情况记录及其对工程质量的影响分析。

5　施工过程中如发生质量事故，经处理补救后，达到设计要求的认可证明文件。

7. 4. 3　验收主控项目应全数合格,一般项目合格率不应小于80%且最大偏差点不得大于允许误差的 1.5 倍。

7. 4. 4　对工程质量验收不满足本标准第 7.4.3 条的要求时，监理单位应责令施工单位进行缺陷修补或返工，并应重新进行质量验收。

8 管养与维护

8.1 一般规定

8.1.1 组合桥面结构应进行预防性和日常养护管理。

8.1.2 组合桥面结构的养护应根据其结构特点制订针对性的养护维修方案，建立数字化管养档案。

8.1.3 组合桥面结构养护应制定技术安全措施。

8.2 管理养护

8.2.1 组合桥面结构的养护工作可分为巡检、日常检查、定期检查、专项检测、预防性养护、小修保养、专项养护等。

8.2.2 组合桥面结构的养护工作应按"预防为主，防治结合"的原则，加强预防性养护管理。应以面层结构为中心，以超高韧性混凝土底层结构为重点，通过对其病害特征的认识和分析，事先对可能出现的病害提出针对性养护管理方法。

8.2.3 组合桥面结构应按每年一次的频率进行专项检测，内容包括底层超高韧性混凝土结构裂缝检查等，宜使用雷达探测等技术手段进行裂缝检测。

8.2.4 应加强组合桥面结构的日常管理养护，并应符合下列规定：

　　1 建立完善的巡视检查制度和技术检测系统，逐步完善检查信息网络化，建立长期健康监测系统及定期质量检测，及时、准确地掌握桥面结构状况及相关信息，科学客观地评定桥面使用状况，有依据、有计划、有针对性地安排养护项目。

    2 树立高度的交通服务意识和安全意识，在桥面养护作业中，尽量避免完全封闭交通。

    3 严格按照有关技术规范和标准进行养护作业，宜采取机械化养护作业方式，迅速、优质、高效地处理各类桥面损害和障碍，确保运行质量。

8.2.5 城市桥梁管理部门应重视桥面排水，定期对排水设施进行检查疏通，确保桥面排水系统状态良好。

8.3　桥面结构维护

8.3.1 对组合桥面结构应根据检测结果对病害原因进行分析，同时结合组合桥面的结构特点等采取相应的维护措施。

8.3.2 组合桥面结构修补修复工程应包括检测与鉴定评估、设计与施工多个环节；维护施工前应有周密的计划，做好材料准备，保证工序之间的衔接，尽量缩短工期，减少对桥梁通行能力的影响。

8.3.3 修补面积应大于病害的实际面积，修补范围线应与路面中心线平行或垂直且距离不小于病害处剪力钉间距。应采取措施使修补部分与原桥面连接紧密平整。

8.3.4 在进行超高韧性轻型组合桥面结构维修时，应综合考虑桥面结构及桥梁主体结构耐久性等，做好结构防护措施，防止维修过程中对桥梁结构造成破坏。

附录 A 超高韧性混凝土用钢纤维性能检验方法

A. 0. 1 钢纤维形状与尺寸检验应符合下列要求：

1 钢纤维形状合格率的检验应符合下列要求：

每批次钢纤维中用感量 0.1 g 的天平称取 1 000 g 钢纤维，从中随机取 50 根钢纤维，肉眼逐根检查其形状。记录钢纤维形状呈弯曲和其他形状等的纤维根数 N_f。

钢纤维形状合格率按式（A.0.1-1）计算，计算结果精确至 0.1%。

$$P_r = \frac{50 - N_f}{50} \times 100 \qquad （A.0.1-1）$$

式中：P_f——形状合格率（%）；

N_f——形状不符合要求的纤维根数（根）。

2 钢纤维长度和直径合格率的检验应符合下列要求：

每批次钢纤维中用感量 0.1 g 的天平称取 1 000 g 钢纤维，从中随机取 50 根钢纤维，用游标卡尺（分辨率 0.01 mm）逐根测量其长度，用千分尺（分辨率 0.001 mm）测量其直径。记录长度不在 12 mm ~ 14 mm 或 6 mm ~ 8 mm 范围内的钢纤维根数和直径不在 0.18 mm ~ 0.22 mm 或 0.12 mm ~ 0.16 mm 范围内的钢纤维根数。

钢纤维长度和直径合格率按式（A.0.1-2）和式（A.0.1-3）计算，计算结果精确至 0.1%。

$$P_l = \frac{50 - N_l}{50} \times 100 \qquad （A.0.1-2）$$

$$P_{\mathrm{d}} = \frac{50 - N_{\mathrm{d}}}{50} \times 100 \qquad (\text{A.0.1-3})$$

式中：P_{l}——长度合格率（%）；

N_{l}——长度不在 12 mm ~ 14 mm 或 6 mm ~ 8 mm 范围内的钢纤维根数（根）；

P_{d}——直径合格率（%）；

N_{d}——直径不在 0.18 mm ~ 0.22 mm 或 0.12 mm ~ 0.16 mm 范围内的钢纤维根数（根）。

A. 0. 2 杂质含量检验应符合下列要求：

每批次钢纤维中用感量 0.01 g 的天平称取 500 g 钢纤维两份，分别对每份样品用肉眼观察钢纤维的表面是否污染。用人工挑拣出粘连的钢纤维束、锈蚀钢纤维以及其他杂质，并用感量 0.01 g 的天平称重。杂质含量按式（A.0.2）计算,计算结果精确至 0.1%。两次结果的平均值作为评定结果。

$$W = \frac{m}{500} \times 100 \qquad (\text{A.0.2})$$

式中：W——杂质含量（%）；

m——杂质质量（g）。

A. 0. 3 抗拉强度试验应符合下列要求：

每批次钢纤维中用感量 0.01 g 的天平称取 500 g 钢纤维两份，分别对每份样品用肉眼观察钢纤维的表面是否污染。用人工挑拣出粘连的钢纤维束、锈蚀钢纤维以及其他杂质，并用感量 0.01 g 的天平称重。

1 钢纤维抗拉强度采用母材大试样进行试验。每批次钢纤维随机取 600 mm 长的母材试样 5 根。

2 采用分辨率为 0.001 mm 的千分尺，在试样的断面相互垂直方向测量试样的截面直径，取平均值计算圆形钢纤维的截面面积 A（单位为 mm^2），计算时应保留到小数点后四位。

3 采用量程为 100 N ~ 200 N 的电子拉力试验机，加载速度（1 ± 0.2）mm/min，测得极限拉伸荷载 P_{max}。

4 钢纤维的抗拉强度按式（A.0.3）计算：

$$f_u = \frac{P_{max}}{A} \qquad\qquad （A.0.3）$$

式中：f_u——钢纤维抗拉强度（MPa）；

$\quad\quad P_{max}$——钢纤维极限拉伸荷载（N）；

$\quad\quad A$——钢纤维截面面积（mm^2）。

5 5 根试样抗拉强度测定值的算术平均值作为评定结果，精确至 0.1 MPa。如 5 个测定值中有一个超出平均值的 ±10%，应剔除该值，再以剩下 4 个测定值的平均值作为抗拉强度评定结果。如果这 4 个测定值中再有超过它们的平均值 ±10% 的，则该组试验结果作废。单根试样的抗拉强度不应低于 2 000 MPa。

附录 B STC 试件的制作及试验方法

B. 0. 1 STC 拌合物的取样应符合下列规定：

1 施工取样应符合现行国家标准《混凝土结构工程施工质量验收规范》GB 50204 的有关规定。

2 现场取样应从同一次搅拌或同一车运送的 STC 中取出，取样量不应小于试样需要量的 1.5 倍，且不宜小于 20 L。

B. 0. 2 STC 试件制作所用试模应符合现行行业标准《混凝土试模》JG 3019 的有关规定。试件制作时，应将拌合物一次性装入试模，并略高出试模上口；振捣应在振动台上振动 30 s 或持续到 STC 表面出浆为止，振捣密实后刮去多余的拌合物并用抹刀抹平。棱柱体应采用卧式成型。

B. 0. 3 试件与实际施工时的桥面同条件进行高温蒸养。蒸养应符合本标准第 6.7 节的有关规定。

B. 0. 4 在试件进行抗压试验前，应检验试件表面平整度。试件表面满足平整度不小于 0.04%的要求。

B. 0. 5 STC 的力学性能试验应符合现行国家标准《普通混凝土力学性能试验方法标准》GB/T 50081 的有关规定，并应符合下列规定：

1 抗压强度试验应采用 100 mm × 100 mm × 100 mm 立方体试件，加载速率应为 0.8 MPa/s ~ 1.0 MPa/s。

2 抗弯拉强度试验应采用 100 mm × 100 mm × 400 mm 棱柱体试件，加载速率应为 0.08 MPa/s ~ 0.1 MPa/s。

3 弹性模量试验应采用 100 mm × 100 mm × 300 mm 棱柱体试件，加载速率应为 0.8 MPa/s ~ 1.0 MPa/s。

4 抗压强度与抗弯拉强度试验值均不应乘以尺寸换算系数。

B.0.6 STC 拌合物的坍落度、扩展度、含气量和表观密度的试验应符合现行国家标准《普通混凝土拌合物性能试验方法标准》GB/T 50080 的有关规定。

B.0.7 STC 的长期性能和耐久性能的试验应符合现行国家标准《普通混凝土长期性能和耐久性试验方法标准》GB/T 50082 的有关规定。

B.0.8 其他检验项目的试验方法应符合国家现行标准的有关规定。

附录 C STC 拌合料中钢纤维体积率的试验、检验方法

C. 0. 1 适用范围

本方法适用于测定 STC 拌合料中钢纤维所占的体积百分率，即钢纤维体积率。

C. 0. 2 试验设备

1 电子天平：称重 1 kg,感量不应低于 1 g。

2 容量筒：钢制容积 5 L；直径和筒高均为 186 mm ± 2 mm，壁厚 3 mm。

3 振动台：频率宜为 50 Hz ± 3 Hz,空载时振幅宜为 0.5 mm ± 0.1 mm。

4 不锈钢丝筛网：网孔尺寸应为 2.5 mm × 2.5 mm。

5 其他：振槌、铁铲、容器和磁铁等。

C. 0. 3 检验步骤

1 应把容量筒内外擦拭干净。

2 应一次性将拌合物灌到高出容量筒口，并利用振动台或振槌进行振实。振动过程中如拌合物沉落低于筒口，应随时添加，直至表面出浆。

3 刮去多余的拌合物，并填平表面凹陷部分。

4 将拌合物倒入不小于 10 倍拌合物体积的大容器中，加水搅拌，用磁铁收集水中的钢纤维，并仔细洗净黏附在钢纤维上的异物。

5 将收集的钢纤维在 105 ℃ ± 5 ℃ 的温度下烘干至恒重，烘干时间应不少于 4 h，然后每隔 1 h 称重一次，直至连续两次称量之差小于较小值的 0.5%时为止。冷却至室温后称其质量，精确至 1 g。

C. 0. 4 试验结果计算与处理

1 钢纤维体积率计算。

钢纤维体积率按下式计算：

$$V_{sf} = \frac{m_{sf}}{\rho_{sf}V} \times 100 \qquad (C.0.1)$$

式中：V_{sf}——钢纤维体积率（%）；

m_{sf}——容量筒中钢纤维质量（g）；

V——容量筒容积（L）；

ρ_{sf}——钢纤维密度（kg/m³）。

2 试验结果处理。

1）试验应分两次进行，两次测定的偏差应小于两次测量平均值的 5%，否则结果无效，应重新检测。

2）取两次测定值的平均值作为钢纤维含量试验结果。

本标准用词说明

1 为便于在执行本标准条文时区别对待，对要求严格程度不同的用词说明如下：

　　1）表示很严格，非这样做不可的：

　　　　正面词采用"必须"，反面词采用"严禁"；

　　2）表示严格，在正常情况下均应这样做的：

　　　　正面词采用"应"，反面词采用"不应"或"不得"；

　　3）表示允许稍有选择，在条件许可时首先应这样做的：

　　　　正面词采用"宜"，反面词采用"不宜"；

　　4）表示有选择，在一定条件下可以这样做的，采用"可"。

2 条文中指明应按其他有关标准执行的写法为："应符合……的规定"或"应按……执行"。

引用标准名录

1 《通用硅酸盐水泥》GB 175

2 《钢筋混凝土用钢 第2部分：热轧带肋钢筋》GB 1499.2

3 《混凝土外加剂》GB 8076

4 《混凝土外加剂应用技术规范》GB 50119

5 《工程结构可靠性设计统一标准》GB 50153

6 《钢-混凝土组合桥梁设计规范》GB 50917

7 《桥梁用结构钢》GB/T 714

8 《低合金高强度结构钢》GB/T 1591

9 《用于水泥和混凝土中的粉煤灰》GB/T 1596

10 《电弧螺柱焊用柱头焊钉》GB/T 10433

11 《用于水泥和混凝土中的粒化高炉矿渣粉》GB/T 18046

12 《砂浆和混凝土用硅灰》GB/T 27690

13 《活性粉末混凝土》GB/T 31387

14 《普通混凝土力学性能试验方法标准》GB/T 50081

15 《混凝土结构耐久性设计规范》GB/T 50476

16 《城镇道路工程施工与质量验收规范》CJJ 1

17 《城市桥梁工程施工与质量验收规范》CJJ 2

18 《城市桥梁设计规范》CJJ 11

19 《城镇桥梁养护技术规范》CJJ 99

20 《城镇道路路面设计规范》 CJJ 169

21 《城镇桥梁钢结构防腐蚀涂装工程技术规范》CJJ 235

22　《混凝土用水标准》JGJ 63

23　《普通混凝土用砂、石质量及检验方法标准》JGJ 52

24　《公路工程技术标准》JTG B01

25　《公路沥青路面设计规范》JTG D50

26　《公路桥涵设计通用规范》JTG D60

27　《公路钢筋混凝土及预应力混凝土桥涵设计规范》JTG D62

28　《公路钢结构桥梁设计规范》JTG D64

29　《公路沥青路面施工技术规范》JTG F40

30　《公路水泥混凝土路面施工技术细则》JTG/T F30

31　《公路工程水泥及水泥混凝土试验规程》JTGE 30

32　《公路钢混组合桥梁设计与施工规范》JTG/T D64-01

33　《公路桥梁钢结构防腐涂装技术条件》JT/T 722

34　《水泥用硅质原料化学分析方法》JC/T 874

35　《钢纤维混凝土》JG/T 3064

36　《干混砂浆散装移动筒仓》SB/T 10461

37　《AASHTO LRFD Bridge Design Specifications（SI unit）》（AASHTO）

38　《Eurocode 1:Actions on structures—Part 2:Traffic Loads on Bridges》（ECS）

39　《Eurocode 3:Design of steel structure—Part 1-9:Fatigue》（ECS）

40　《Eurocode 4: Design of Composite Steel and Concrete Structure—Part 2: General Rules and Rules for Bridges》（ECS）

41 《Design Guider for Precast UHPC Waffle Deck Panel System, including Connections》(FHWA)

42 《 Ultra High Performance Fibre-Reinforced Concrete: Recommendations》(AFGC)

43 《 Recommendations of Ultra High Performance Fiber-reinforced Concretes》(Association Française de Génie Civil, 2013)

44 《Recommendations Fatigue Design of Welded Joints and Components, XIII-2151-07/XV-1254-07》(Hobbacher A., 2007)

四川省工程建设地方标准

四川省城镇超高韧性组合钢
桥面结构技术标准

Technical standards for STC-steel composite
deck structure for Sichuan Province

DBJ51/T089 – 2018

条 文 说 明

编制说明

  《四川省城镇超高韧性组合钢桥面结构技术标准》经四川省住房和城乡建设厅 2018 年 1 月 23 日以川建标发〔2018〕67号公告批准发布。

  在本标准制定过程中，编制组进行了大量的调查研究，总结了我国工程建设超高韧性组合钢桥面结构的实践经验，同时参考了国外先进技术法规、技术标准，取得了重要技术参数。

  为便于广大设计、施工、科研、学校等单位有关人员在使用本规范时能正确理解和执行条文规定，《四川省城镇超高韧性组合钢桥面结构技术标准》编制组按章、节、条顺序编制了本规范的条文说明，对条文规定的目的、依据以及执行中需注意的有关事项进行了说明。但是，本条文说明不具备与标准正文同等的法律效力，仅供使用者作为理解和把握标准规定的参考。

目　次

1　总　　则 …………………………………………………… 75

3　基本规定 …………………………………………………… 76

4　材　　料 …………………………………………………… 77

　4.1　超高韧性混凝土 ………………………………………… 77

5　设　　计 …………………………………………………… 81

　5.1　一般规定 ………………………………………………… 81

　5.2　承载能力极限状态计算 ………………………………… 85

　5.3　正常使用极限状态计算 ………………………………… 86

　5.4　耐久性设计 ……………………………………………… 88

　5.5　疲劳验算 ………………………………………………… 89

　5.6　剪力连接件设计与计算 ………………………………… 91

　5.7　接缝设计与计算 ………………………………………… 96

　5.8　构造要求 ………………………………………………… 97

6　施　　工 …………………………………………………… 99

　6.1　一般规定 ………………………………………………… 99

　6.3　桥面预处理 ……………………………………………… 102

　6.4　焊钉焊接 ………………………………………………… 102

　6.7　STC 养护 ………………………………………………… 102

　6.9　面层施工 ………………………………………………… 102

7　检验与验收 …………………………………………103

　　7.1　一般规定 …………………………………… 103

　　7.2　原材料进场检验 …………………………… 103

　　7.3　质量检验 …………………………………… 103

8　管养与维护 …………………………………………104

　　8.1　一般规定 …………………………………… 104

　　8.2　管理养护 …………………………………… 104

　　8.3　桥面结构维护 ……………………………… 105

1 总 则

1.0.1 现行规范对超高韧性组合钢桥面结构缺少指导性的技术规定，不能满足当前城镇组合钢桥面结构快速发展的需要。本技术标准对城镇组合钢桥面设计、施工、验收、管养和维护提出了要求。

1.0.2 本标准的超高韧性组合钢桥面结构既适用于城镇新建钢桥的桥面结构，也适应于城镇既有钢桥的铺装层翻修与钢桥面板的加固工程。公路钢桥的桥面结构工程可参照执行。

3 基本规定

3.0.4 超高韧性混凝土在高温蒸汽养护后,收缩应变非常小,可忽略不计。采用蒸汽养护的超高韧性混凝土的结构层不会开裂,可有效保证 STC 层参与结构受力。

3.0.5 组合桥面结构应结合桥面结构使用周期长、破坏后维修难度大等特点,针对性地制定相关管养维护措施。

4 材 料

4.1 超高韧性混凝土

4.1.1 超高韧性混凝土本质上是一种超高性能混凝土，其组成部分中没有粗骨料，并掺入了大量钢纤维，以改善其抗拉性能。在组成特点上，超高韧性混凝土结合了改性活性粉末混凝土（Reactive Powder Concrete，RPC）和密配筋混凝土（Compact Reinforced Composite，CRC）的特点，即以改性 RPC 为基体材料，并密布钢筋，以提高材料的抗拉强度与韧性，适应其在钢桥面中的不利受力。因而，为与传统的 RPC 相区分，并体现材料具备高抗拉性能的特性，本标准中称之为"超高韧性混凝土"。

有关研究表明水胶比大于 0.22 后，硬化水泥石中的毛细孔可能形成连通孔，对 STC 的耐久性不利。

4.1.2 硅酸盐水泥或普通硅酸盐水泥的胶砂强度较高并且掺加混合材料较少，便于掺用矿物掺合料来改善混凝土的性能。

4.1.3 按照 STC 最大密实度理论要求，STC 的胶凝材料需进行颗粒调配，优质的掺合料有利于胶凝材料的颗粒调配。本条规定了 STC 中掺入粉煤灰、硅灰的要求。

4.1.4 本标准中 STC 的力学性能是基于石英砂和石英粉为骨料而得到的，目前没有采用其他骨料的性能参数，使用单粒级的骨料有利于级配调整。本条列出了 STC 中石英砂和石英粉的质量要求。

4.1.6 本条规定了 STC 用钢纤维的性能指标和检验方法，其中：直径为 0.18 mm～0.22 mm 的纤维长度为 12 mm～14 mm；直径为 0.12 mm～0.16 mm 的纤维长度为 6 mm～8 mm。

4.1.7 STC 的水泥用量大、水胶比很低，为保证 STC 的性能，应采用高性能减水剂。

4.1.10 STC 的强度等级按照抗弯拉强度划分，主要原因是：在设计荷载作用下，超高韧性组合钢桥面结构中 STC 层的拉应力较大，往往成为控制设计的关键因素，而其压应力则远小于材料的抗压强度。

本条中，$f_{tu} = f_{tk}/1.45$，$f_{cd} = f_{dk}/1.45$，其中"1.45"为 STC 的材料性能分项系数；$f_{ck} = f_{cu,k}/1.55$，其中"1.55"为 STC 立方体抗压强度标准值与轴心抗压强度标准值的比值。

4.1.11 本条文 STC 抗剪强度的计算公式参考了文献《混凝土的抗剪强度、剪切模量和弹性模量》（施士异，1999）。

4.1.12 本条文中 STC 弹性模量的计算公式参考了文献 *Design Guide for Precast UHPC Waffle Deck Panel System, including Connections*（FHWA，2013）的研究。

4.1.13 本标准中充分利用了 STC 的轴心抗拉应变硬化特性。基于试验结果，本条文将 STC 的极限拉应变设计值定为 3 000 με，但初裂应变 $\varepsilon_{crack,d}$ 应根据轴拉应力强度设计值和本标准第 4.1.12 条所规定的超高韧性混凝土弹性模量确定。

配筋对改善超高韧性混凝土基本力学特性的作用显著，在组合桥面结构中，须对 STC 进行密配筋。编制组对多组不配筋 STC 试件开展了轴心抗拉试验研究。结果表明，STC 具有应变硬化特性，即 STC 的抗拉强度等于其初裂强度，并伴随着多裂缝的出现和发展。根据这一特性，若在 STC 内密布钢筋，将有效限制 STC 裂缝宽度的发展。

同时，通过多种钢-STC 组合梁的模型试验研究得出，当钢面板厚 12 mm，上铺 STC 层厚度为 50 mm，横桥向配筋（位于上层）、纵桥向配筋（位于下层）直径为 10 mm，钢筋中心间距分别为 67 mm、50 mm、40 mm、33 mm 时，STC 的开裂强度（最大裂缝宽度为 0.05 mm）如表 1 所示。

表 1　各强度等级 STC 在不同配筋率下的名义弯拉应力容许值

强度等级	钢筋间距（mm）	名义弯拉应力容许值 f_t^r（MPa）	接缝位置名义弯拉应力容许值 f_t^r（MPa）
STC22	67	16.8	10.9
	50	19.0	12.4
	40	22.7	14.8
	33	26.7	17.4
STC25	67	19.5	12.7
	50	21.7	14.1
	40	25.4	16.5
	33	29.4	19.1
STC28	67	22.2	14.4
	50	24.4	15.9
	40	28.1	18.3
	33	31.5	20.5

注：钢桥面板厚 12 mm，STC 层厚 35 mm ~ 50 mm，横桥向配筋位于上层，纵桥向配筋位于下层，净保护层厚 15 mm。

试验模型中钢面板的厚度偏保守地取为 12 mm，而目前正交异性钢桥面中的钢面板厚度一般大于等于 14 mm。因此，在工程应用中，当钢面板厚度大于 12 mm 时，可偏保守地，参考本条款进行设计。

根据试验结果，当接缝开裂时（裂缝宽度为 0.03 mm），多个接缝的 STC25 层中应力均大于 21.0 MPa。因而，本条偏保守地，将接缝处 STC 的名义弯拉应力容许值取为配筋 STC 的 0.65 倍。

接缝处超高韧性混凝土的名义弯拉应力容许值可参照表 1 中配筋超高韧性混凝土名义弯拉应力容许值的 0.65 倍取值。

4.1.14 根据相关试验研究得出 STC 的实测泊松比为 0.19，本条文中近似取 0.2。

4.1.16 本条文中 STC 收缩应变和徐变系数取自参考文献 *Recommendations of Ultra High Performance Fiber-reinforced Concretes*（Association Française de Génie Civil, 2013）。高温蒸汽养护基本消除了 STC 的后期收缩。

5 设 计

5.1 一般规定

5.1.1 根据现行国家标准《工程结构可靠性设计统一标准》GB 50153 的规定，组合桥面结构设计采用极限状态法。

5.1.3 根据现行行业标准《城市桥梁设计规范》CJJ 11 中第3.0.14 条的规定，城市桥梁中一般的小桥设计安全等级为二级，其余桥梁设计安全等级均为一级。采用超高韧性组合钢桥面结构的桥梁一般以特大桥、大桥、中桥居多，故本标准统一将组合桥面结构的安全等级划分为一级。

5.1.4 一般情况下，超高韧性组合钢桥面结构构件的宽厚比较大，截面类型对应于"欧洲规范4"中的第 2 类及第 3 类截面，截面的塑性转动能力受到钢板局部屈曲的限制，因而本标准中超高韧性组合钢桥面结构的设计计算方法仍以弹性理论为基础，作用效应及抗力计算均采用弹性方法，假定钢材与混凝土为理想线弹性材料，并可不考虑钢梁和超高韧性混凝土层间的滑移效应。

超高韧性组合钢桥面结构桥梁的成桥受力状态与施工顺序紧密相关。应力及变形应按照组合截面的形成方式及对应的荷载或作用进行累计计算，故需要计入施工方法及顺序的影响。

5.1.5 设计计算一般均采用简便的初等材料力学方法，基本假定是在满足设计精度的前提下，规范的公式可采用初等材料力学公式。

5.1.6 将混凝土板有效宽度范围内的超高韧性混凝土面积除以弹性模量比等效替换成钢材面积，此时将组合桥面结构视为同一材料计算截面特性值。

5.1.7 与混钢结构梁桥类似，超高韧性组合钢桥面结构同样存在剪力滞后效应，目前各国规范均采用有效宽度的方法考虑剪力滞后效应，但有效宽度计算方法不尽相同。本标准沿用现行行业标准《公路钢结构桥梁设计规范》JTG D64 中的计算方法，计算时将超高韧性混凝土折算为钢材计算。计算截面有效宽度时，应考虑局部稳定影响和剪力滞后影响。当超高韧性混凝土层厚度满足本标准的最小厚度要求时，可不考虑局部稳定对截面有效宽度的影响。

5.1.8 **1** 在现行行业标准《公路桥涵设计通用规范》JTG D60 中，由于普通混凝土板较厚，组合桥梁的温度按照多折线考虑，其中折线第一段（从混凝土顶面开始）的范围为 100 mm。考虑到超高韧性组合钢桥面结构中 STC 层较薄，其厚度一般小于 100 mm，因此，对于超高韧性组合钢桥面结构，STC 层始终落在第一段折线内。为简化起见，本条文根据 STC 的设计厚度计算出 STC 底面的温度，并假设从 STC 底面至钢主梁底面，截面的温度保持恒定。

正温差时

$$T_2 = 25 - \frac{25 - 6.7}{100} h_c = 25 - 0.183 h_c \tag{1}$$

负温差时

$$T_2 = -12.5 - \frac{-12.5 + 3.3}{100} h_c = -12.5 + 0.092 h_c \quad (2)$$

2 超高韧性混凝土宜采用蒸汽养护，由于采用蒸汽养护持续的时间较长，且温度较高，故需要计算钢主梁在蒸汽养护温度下结构的效应，必要时应进行结构承载能力及稳定性验算。计算钢主梁在蒸汽养护温度下结构的效应，钢结构顶面温度可取蒸汽养护温度，钢结构底面温度可取养护期间环境温度的最低值。

5.1.11 耐久性设计时的环境类别及其作用等级可参照现行国家规范《混凝土结构耐久性设计规范》GBT 50476 的有关规定执行。

5.1.13 超高韧性组合钢桥面结构桥梁的成桥受力状态与施工顺序紧密相关。应力及变形应按照组合截面的形成方式及对应的荷载或作用进行累计计算。一般而言，超高韧性组合钢桥面结构桥梁的施工顺序可以分为两种：一是钢主梁架设后，在钢桥面板上浇筑或者安装 STC 层，结合后形成组合梁，钢主梁需先承受一部分的荷载；二是钢主梁与 STC 层结合成整体后开始承受全部的荷载。在设计验算时需要充分考虑施工顺序对结构受力状态的影响。

5.1.14 理论上，超高韧性组合钢桥面结构的正常使用极限状态设计计算可按三个结构体系进行计算：

1 第一体系：超高韧性组合钢桥面结构作为钢主梁全截面的上翼缘，承受总体荷载，称为"主梁体系"。

2 第二体系：超高韧性混凝土层与正交异性钢面板共同形成的桥面板作为主梁横向受力的上翼缘，承受车辆荷载，亦称为"横梁体系"。

3 第三体系：超高韧性混凝土主结构层与钢面板作为支撑在纵、横隔板的连续组合板，板体承受车轮的局部荷载，称为"面板体系"。

其中：第一体系为总体荷载效应，第二和第三体系为局部荷载效应，各体系的计算结果叠加后得到超高韧性组合钢桥面结构各构件中的计算结果。根据超高韧性组合钢桥面结构的受力特性，计算的重点应为局部荷载效应，即第二和第三体系。

考虑到正交异性钢桥面板构造复杂，理论方法难以求解，宜借助有限元法进行计算，该方法更具操作性和实用性。

建立有限元模型时，第一体系可用梁单元建立整体模型，第二和第三体系可以建立在一个局部模型中，各部件以板壳单元或实体单元建立。对两种模型的计算结果进行叠加，即可得到结构的实际受力状态。在局部有限元模型中，应确保网格划分合理。

考虑到超高韧性组合钢桥面结构的受力特性，在计算总体荷载效应时（第一体系）和横向荷载效应（第二体系）时，可不考虑钢主梁与超高韧性混凝土层间的滑移效应，但在计算局部荷载效应时（第三体系），可考虑层间滑移效应。计算中应忽略铺装层对超高韧性组合钢桥面结构刚度的贡献。

5.1.16 为保证超高韧性混凝土层的耐久性，一般在超高韧性混凝土层顶面增设一道沥青混凝土面层，其技术要求可按现行行业标准《城镇道路路面设计规范》CJJ 169 的有关规定执行。

5.2 承载能力极限状态计算

5.2.2 本条与现行国家标准《工程结构可靠性设计统一标准》GB 50153 的规定一致，采用基于概率理论的极限状态设计方法，在进行承载力及稳定性计算时，作用效应及材料性能均采用已考虑分项系数的设计值。

5.2.3 **1** 超高韧性组合钢桥面结构桥梁的成桥受力状态与施工顺序紧密相关。应力及变形应按照组合截面的形成方式及对应的荷载或作用进行累计计算。一般而言，超高韧性组合钢桥面结构桥梁的施工顺序可以分为两种：一是钢主梁架设后，在钢桥面板上浇筑或者安装 STC 层，结合后形成组合梁，钢主梁需先承受一部分的荷载；二是钢主梁与 STC 层结合成整体后开始承受全部的荷载。在正常使用阶段设计验算时需要充分考虑施工顺序对结构受力状态的影响。

　2 超高韧性组合钢桥面结构为主梁横截面的组成部分，承载力计算按现行行业标准《公路钢结构桥梁设计规范》JTG D64 第 5.3.1 条规定，采用弹性方法计算。主梁的强度、刚度及稳定性验算按现行行业标准《公路钢结构桥梁设计规范》JTG D64 的有关规定执行。

5.2.4 超高韧性组合钢桥面结构 STC 层较薄，对剪力的贡献相对很小，假定剪力全部由钢结构承担，忽略 STC 层承担的剪力，由于截面抗力计算基于弹性方法，故截面抗剪验算参照现行行业标准《公路钢结构桥梁设计规范》JTG D64 第 5.3.1 条规定，采用弹性方法计算。

5.3 正常使用极限状态计算

5.3.2 超高韧性组合钢桥面结构受总体荷载和局部荷载作用，截面应力状态较为复杂，按照以往公路桥梁设计惯例，除了计算构件承载力外，还要计算弹性阶段的构件应力。这些应力包括截面混凝土的法向压应力、钢筋的拉应力和斜截面混凝土的主压应力。构件应力计算实质上是构件的强度计算，是对构件承载力计算的补充。计算时作用（或荷载）取其标准值，汽车荷载应计入冲击系数，预加应力效应应考虑在内，所有荷载分项系数均取为 1.0。对连续梁等超静定结构，尚应计算预加应力、温度作用等其他可变作用引起的次效应。

超高韧性混凝土层较薄，截面内钢筋按构造布置，且不计入截面抗剪，故本标准仅对超高韧性混凝土截面正应力进行计算。

5.3.3 一般情况下，关于构件短暂状况的应力计算，实属构件弹性阶段的强度计算，施工荷载采用标准值组合，但有特别规定者除外。除非有特殊要求，短暂状况一般不进行正常使用极限状态计算，可以通过施工措施或构造布置来弥补，防止构件过大变形或出现不必要的裂缝。

在施工中当利用已安装就位的构件进行吊装时，要对吊机（车）行驶于其上的构件进行验算。这些构件都已作持久状况承载力计算，而吊机（车）系临时荷载，荷载系数取值较低，当其设计值产生的效应小于持久状况承载力的荷载设计值效应时，可不必验算。

5.3.5 超高韧性组合钢桥面结构中的全部构件均须进行应力验算。

  1 在计算总体荷载效应时，本条的计算方法和传统的钢-混凝土组合桥梁相同。一般采用弹性模量比的方法，将两种材料的截面换算成一种材料的截面，按照初等材料力学的公式进行计算。

  2 根据湖南大学的研究，在超高韧性组合桥面结构中，控制 STC 设计的主要是车轴荷载作用下，负弯矩区域的拉应力，尤其是位于钢主梁腹板、横隔板、纵隔板顶面位置的 STC 层。本条列出了计算中应该重点关注的不利位置。

  3 截面应力计算应考虑施工方法及顺序的影响，根据组合截面形成过程对各阶段计算应力进行叠加得到最终计算结果。

5.3.6 根据湖南大学的研究，在正常使用极限状态下，当 STC 的最大拉应力不超过本标准规定的名义拉应力的 0.7 倍时，配筋 STC 不会出现受拉开裂，其抗裂性可以满足设计要求。

5.3.7 本条规定了超高韧性组合钢桥面结构局部挠度的加载模式和限值，目的是确保桥面系的局部挠度不会过大，以减小在车载作用下，铺装层因局部变形过大而出现脱层等病害问题，同时也能确保行车的舒适性。参照现行行业标准《公路钢结构桥梁设计规范》JTG D64 第 14.0.6 条的规定执行，计算时汽车荷载选设计车辆荷载中的重轴进行计算，按频遇值组合，频遇值系数为 1.0。

5.3.8 本条规定参考现行行业标准《公路钢筋混凝土及预应力混凝土桥涵设计规范》JTG D62 第 7.1 节的规定，使用阶段超高韧性混凝土由作用（或荷载）标准组合引起的压应力不宜大于超高韧性混凝土抗压强度标准值的 0.5 倍。

5.3.9 本条规定参考现行行业标准《公路钢筋混凝土及预应力混凝土桥涵设计规范》JTG D62 第 7.2 节的规定，短暂状况下由施工荷载标准组合引起的超高韧性混凝土压应力不宜大于超高韧性混凝土抗压强度标准值的 0.7 倍。

5.4 耐久性设计

5.4.1 根据现行国家标准《工程结构可靠性设计统一标准》GB 50153 的规定，超高韧性组合钢桥面结构应进行耐久性设计。环境类别及其作用等级可参照现行国家标准《混凝土结构耐久性设计规范》GB/T 50476 的规定执行。

5.4.5 **1** 超高韧性混凝土中最大氯离子含量和最大碱含量应符合现行行业标准《公路钢筋混凝土及预应力混凝土桥涵设计规范》JTG D62 中的有关规定。

2 超高韧性混凝土在冻融环境下的耐久性设计应符合现行国家标准《混凝土结构耐久性设计规范》GB/T 50476 中第 5.3.3 条的规定。

5.4.7 采用蒸汽养护后超高韧性混凝土的收缩几乎为 0，但在蒸汽养护前，超高韧性混凝土在终凝的过程中仍存在收缩，这会导致超高韧性混凝土与护栏底座间存在间隙，为防止雨水从间隙中渗入，故要求钢梁的防腐范围伸入钢-混结合面不宜小于 50 mm。

5.4.9 由于超高韧性混凝土施工接缝处超高韧性混凝土中的钢纤维不连续，接缝处超高韧性混凝土层的抗裂能力相对较弱，故要求对接缝位置的耐久性设计进行加强。

5.5 疲劳验算

5.5.3 受桥梁伸缩缝的影响，在疲劳验算时，仅对靠近桥梁伸缩缝附近的截面考虑冲击系数。

5.5.4 考虑到正交异性钢桥面板构造复杂，焊缝数量多，疲劳验算时建议以热点应力法为主，并辅助采用名义应力法。当建立有限元模型，并基于热点应力法进行疲劳验算时，应注意网格划分的要求，且应对有限元模型进行收敛分析。文献 *Recommendations Fatigue Design of Welded Joints and Components, XIII-2151-07/XV-1254-07*（Hobbacher A., 2007）对疲劳应力的计算方法有详细介绍。

5.5.5 在正常使用阶段，STC 层与正交异性钢桥面板紧密贴合，共同参与结构受力，提高正交异性钢桥面板的刚度，故在正交异性钢桥面板的疲劳设计与计算中应考虑到 STC 层对桥面系刚度的贡献。

5.5.6 基于湖南大学对钢-STC 超高性能轻型组合梁开展的弯拉疲劳试验研究，STC 的拉应力幅为 $\sigma_{min} = 9.8$ MPa，$\sigma_{max} = 24.3$ MPa，其实测静力弯拉强度为 $f_{tk}^{f} = 42.7$ MPa，可得

应力水平为，$s_{\min} = \sigma_{\min} / f_t^r = 0.23$，$s_{\max} = \dfrac{\sigma_{\max}}{f_t^r} = 0.57$。本次疲劳试验经加载310万次后由于组合梁模型中的钢结构出现疲劳裂缝而被迫终止，但STC保持完好，未发现任何疲劳裂缝。

为便于数据分析，基于大连理工大学研究得到的普通混凝土的轴心抗拉疲劳寿命计算公式（3）（宋玉普，2006），可将试验中的实际疲劳应力水平换算为等效疲劳应力水平。

$$\lg N = 16.67 - 16.76 S_{\max} + 5.17 S_{\min} \tag{3}$$

式中：$S_{\max}$——STC中的最大应力水平 $\sigma_{\max} / f_t^r$；

$\qquad S_{\min}$——STC中的最小应力水平 $\sigma_{\min} / f_t^r$；

$\qquad f_{tk}^r$——配筋STC的名义弯拉应力容许值。

根据疲劳寿命相等的原则，式（3）可转化为：

$$S_{\max}^e - \frac{5.17}{16.76} S_{\min}^e = S_{\max} - \frac{5.17}{16.76} S_{\min} \tag{4}$$

在疲劳试验中，有 $S_{\min} = 0.23$，$S_{\max} = 0.57$，假设 $S_{\min}^e = 0$，基于式（4）可得 $S_{\max}^e = 0.5$。这意味着，本次试验的实际应力水平（$S_{\min} = 0.23$，$S_{\max} = 0.57$）等效于应力水平（$S_{\min}^e = 0$，$S_{\max}^e = 0.5$）。使用等效应力水平后，可以认为混凝土的轴心抗拉疲劳寿命仅与等效最大应力水平有关，而与等效最小应力水平无关，此时，式（3）可简化为 $10^{16.765 S_{\min}^e} N = C$。本次疲劳试验虽然未测得STC的疲劳寿命，但可偏保守地假设STC的疲劳寿命为 $N = 310$ 万次。换算可得：当STC的疲劳寿命为200万次时，等效最大应力水平为0.511；当STC的疲劳寿命为500万次时，等效最大应力水平为 0.488；当疲劳寿命为 2 000 万次时，等效最大应力水平为 0.452；当疲劳寿命为 1 亿次时，等效最大应力水平为 0.410。

疲劳验算中，需根据 STC 的设计最大和最小应力，以及配筋 STC 的静力抗拉强度标准值，得到等效的最大应力水平，计算公式如式（5）所示。该公式已经暗含了 $S_{min} = \sigma_{min} / f_{tk}^{r} = 0$ 这一假设。该公式就是本条款中的公式（5.5.6）：

$$S_{max}^{e} = S_{max} - \frac{5.17}{16.76} S_{min} \qquad (5)$$

5.5.7 剪力连接件的疲劳寿命问题是超高韧性组合钢桥面结构疲劳设计的关键问题，目前各国规定对钢-混组合结构剪力连接件疲劳寿命研究较充分，本标准按现行行业标准《公路钢混组合桥梁设计与施工规范》JTG/T D64-01 的有关规定执行。

剪力连接件个别疲劳细节不适合采用热点应力法，依照细节的受力特性按照名义应力定义疲劳强度等级。设计中可参考 *Eurocode 3: Design of steel structures—Part* 1-9: *Fatigue* 的有关规定。

5.6 剪力连接件设计与计算

5.6.1 剪力连接件是保证钢梁与 STC 层共同受力的关键部位。剪力连接件需承受 STC 层与钢桥面板间的纵桥向及横桥向剪力，一般以纵桥向剪力为主。当采用多主梁结构体系且主梁间距较大，横向连接较弱时，剪力连接件有可能承受较大的横桥向剪力。一般情况下，STC 层较薄，其刚度比正交异性钢桥面板小，故可忽略剪力连接件承受的竖向拉拔力。

超高韧性组合钢桥面结构中的 STC 层较薄，对剪力连接件进行设计时应充分考虑这一特性。

5.6.3 计算焊钉内力时，应考虑整体荷载效应和局部荷载效应的叠加。其中局部荷载效应的计算更为复杂，宜建立有限元模型，焊钉宜以弹簧单元等方式进行模拟，且应考虑由车轮竖向荷载和车轮刹车水平荷载引起的焊钉内力，其中车轮刹车水平荷载按照车轮竖向荷载的一半考虑，如图 1 所示。

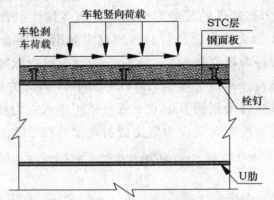

图 1　剪力连接件内力计算荷载布置示意图（局部荷载效应）

5.6.5 本条规定了在正常使用极限状态下，单个剪力连接件的剪力限值。

5.6.6 湖南大学对短焊钉进行了推出试验研究，结果表明，焊钉的破坏形式是钉身被整齐剪断，但 STC 层保持完好。因此，本条的焊钉承载力计算公式对应的破坏形态是焊钉被整齐剪断。

5.6.7 焊接水平钢筋网剪力连接件的构造形式为：将纵向抗剪钢筋间断焊接在钢面板表面（该焊缝称为"焊缝1"），将横向抗剪钢筋点焊在纵向抗剪钢筋上（该焊缝称为"焊缝2"），并浇筑 STC 层以包裹住焊接水平钢筋网，具体构造如图 2 所示（未示出 STC 层）。

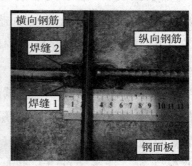

图 2　焊接水平钢筋网剪力连接件构造示意图

湖南大学对焊接水平钢筋网剪力连接件开展了推出试验，共包含 4 个试件，试验结果如表 2 所示。

表 2　试件参数及试验结果

试件编号	抗剪钢筋直径（纵/横）（mm）	单侧抗剪钢筋数量（纵/横）	纵筋-钢面板焊缝尺寸（长/宽）（mm）	试件抗剪承载力（kN）	破坏模式
1	10/10	2/2	50/15	950	（1）STC 层连同横向抗剪钢筋拔出
2	12/10	2/2	50/15	1 147	（2）纵向抗剪钢筋-钢面板焊缝剪断
3	12/10	2/2	50/15	950	（1）STC 层连同横向抗剪钢筋拔出
4	12/10	2/2	50/15	970	（1）STC 层连同横向抗剪钢筋拔出

从上表可以看出，推出试件存在两种破坏模式：（1）STC

层连同横向抗剪钢筋拔出,(2)纵向抗剪钢筋-钢面板焊缝剪断,且前者的承载力小于后者。

当出现破坏模式(2)时,根据试件 2 的实测结果,可计算纵筋-钢面板焊缝(焊缝 1)的抗剪强度为:1147000/[8×(50×15)=191.2 MPa。由于试件数量有限,不能得到该抗剪强度值的统计规律,故假设纵筋-钢面板焊缝(焊缝 1)的材料分项系数为 1.6,则可取焊缝的抗剪强度设计值为 $f_{weld,1}$=191.1/1.6=120 MPa。

当出现破坏模式(1)时,试件的抗剪承载力稍低。此时试件的抗剪承载力主要由 STC 层-纵向抗剪钢筋间的黏结提供,而横向钢筋-纵向钢筋间点焊(焊缝 2)的贡献较小。因此,可以偏保守地,认为 STC 层-纵向钢筋间出现黏结破坏时,试件即破坏。基于此,可计算纵向抗剪钢筋-STC 层的黏结强度,如表 3 所示。

表 3 破坏模式 2 的结果分析

试件编号	试件抗剪承载力(kN)	纵向抗剪钢筋数目	纵向抗剪钢筋直径(mm)	纵向抗剪钢筋长度(mm)	单根纵筋-STC 层接触面积(mm^2)	纵筋-STC 层黏结强度(MPa)
1	950	4	10	400	12 566.4	18.9
3	950	4	12	400	15 079.6	15.7
4	970	4	12	400	15 079.6	16.1
统计结果	平均值:16.9;标准方差:1.7;具有 95%置信度的特征值:14.1					

假设纵向抗剪钢筋-STC 层黏结的材料分项系数为 1.6,则

94

可取黏结抗剪强度设计值为 $\tau_{\text{stc-rebar}}$ =14.1/1.6 = 8.8 MPa，本规程取为 0.5 的倍数，即 8.5 MPa。

5.6.8 一般而言，钢-混凝土组合结构中剪力连接件有两种设计方法：弹性设计法和塑性设计法。其中，塑性设计法假设当结构达到承载能力极限状态时，所有焊钉均应达到抗剪承载力，此时各焊钉所受的剪力趋于一致，该假设简化了计算过程，使得该方法应用更广泛。但是应用该方法的前提是，剪力连接件应具有良好的延性。例如，"欧洲规范 4"规定，剪力连接件的特征相对滑移不应小于 6 mm，其中特征相对滑移是取多组推出试件结果中极限相对滑移最小值的 0.9 倍。

根据项目组的推出试验结果，推出试件破坏时，埋在 STC 层中的剪力连接件的极限滑移量较小，对于短焊钉一般为 0.7 mm ~ 1.8 mm，对于焊接水平钢筋网一般为 0.25 mm ~ 0.6 mm，均小于 6 mm。分析其原因主要是：STC 层厚度薄，且抗压强度高。文献 Kim 等（2015）也观测到了类似的现象，作者对埋在超高性能混凝土（UHPC）中的焊钉进行了推出试验，结果表明，焊钉的特征相对滑移平均为 4.36 mm ~ 5.16 mm，同样小于 6 mm。

因此，本条建议采用弹性设计法来计算剪力连接件的布置数量。对于一般的钢-混凝土组合桥梁，弹性设计法首先计算桥梁在荷载组合下的剪力分布，然后结合单个剪力连接件的抗剪承载力 N_v^c 来计算不同区域的剪力连接件数量。根据这一方法，桥梁在跨中区域和支座区域的剪力连接件布置密度可能会不同。对于本标准的超高韧性组合钢桥面结构，其受力不同于一般的钢-混凝土组合桥梁，主要由局部荷载控制。因此，本条建议根据局部计算结果来布置剪力连接件，并控制 STC 层底面在设计荷载下不会出现开裂。局部受力状态计算时，宜建立线弹性有限元模型。

　　对剪力连接件数量的计算应按承载能力极限状态考虑各种作用（或荷载），因此，计算中的作用（或荷载）的效应组合应采用现行行业标准《公路桥涵设计通用规范》JTG D60 中规定的基本组合。

5.6.9　剪力连接件的疲劳计算细则在本标准第 5.5 节中。

5.7　接缝设计与计算

5.7.1　超高韧性混凝土需要采用蒸汽养护，为便于施工故需要采用分段、分幅、分块浇筑，由于在接缝处钢纤维不连续，超高韧性混凝土层的抗裂能力相对较弱，故需要在先浇-后浇连接部位设置接缝，并做强化处理。

5.7.2　由于接缝处 STC 的抗裂能力相对较弱，故限制接缝处的设计名义拉应力不大于 $0.45 f_{tk}$。

5.7.3　由于超高韧性混凝土施工接缝处超高韧性混凝土中的钢纤维不连续，接缝处超高韧性混凝土层的抗裂能力相对较弱，在设计中应结合桥梁结构形式及作用效应的影响考虑接缝设置位置，接缝的布置位置应位于低拉应力区，甚至位于压应力区。

5.7.4　本条文提出的强化接缝形式在施工上具有灵活性，既能够适应节段拼装的施工方式，也能够满足在大跨宽幅桥面施工时设置施工缝的需求。

1　含异性加强钢板的接缝方案由湖南大学提出，其具有以下特点：接缝内增设的 S 形加强钢板能够提高桥面结构接缝处的局部刚度，降低接缝处 STC 层内的应力水平，同时，加强钢板的企口能够约束住 STC 层的受拉变形，提高超高韧性组合钢桥面结构的受力效率。

2　矩形接缝方案由清华大学提出，其构造特点是将 STC 接缝设计成矩形，并对接缝区域的钢筋进行局部加密。

根据清华大学的受拉试件试验结果，含异性钢板接缝和矩形接缝的名义轴拉应力分别为 19.5 MPa、20.3 MPa，表明这两种接缝均具有良好的抗拉性能。

5.8　构造要求

5.8.2　目前剪力钉的施工最小高度为 35 mm，要保证 STC 的保护层厚度不小于 10 mm。特殊位置采用桥面板焊接钢筋网 STC 厚度可以做到 35 mm，但是这个目前没有实体工程，只在实验室做过。目前工程 STC 厚度采用的是 45 mm ~ 60 mm，50 mm 的最多。

5.8.3　**1**　STC 层中的钢筋主要为分布、防裂钢筋，根据现行行业标准《公路钢筋混凝土及预应力混凝土桥涵设计规范》JTG D62 第 9.1.1 条的规定，故要求钢筋最小保护层厚度不得小于 15 mm。

2　根据湖南大学的研究，STC 层的横桥向受力更为不利，故本条文中规定将横桥向钢筋置于上层。

5.8.4 焊钉的作用是确保 STC 层与钢板结合紧密，防止层间滑移或 STC 层被掀起，充分发挥组合板的作用。

本标准推荐的焊钉布置间距如下：

　　1）当桥面纵向加劲肋腹板间距≤300 mm 时，焊钉的纵、横桥向间距宜为 140 mm ~ 160 mm。

　　2）当桥面纵向加劲肋腹板间距 > 300 mm 时，焊钉的纵、横桥向间距宜为 120 mm ~ 140 mm。

5.8.5 本条规定了 STC 接缝的设置位置，应位于低拉应力区，甚至位于压应力区，见图3。因此，原则上，横缝应布置在相邻两道横隔板的跨中断面位置，纵缝应布置在相邻两道 U 肋的中间断面位置。

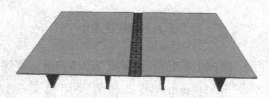

图 3　STC 接缝应设于低应力区

6 施 工

6.1 一般规定

6.1.1 专业施工设备有确保 STC 干料分散均匀、钢纤维不结团的专业干拌设备，具备搅拌极低水胶比 STC 能力的湿拌设备，具备自动布料、振捣密实、整平成型一体化功能的专业摊铺设备。

6.1.4 STC 初凝时间为 18 h 左右，每个幅段浇筑时间要求不宜超过 18 h。

6.1.5 组合桥面结构的施工主要有两种方法，如下所示：

    1 现浇施工：先完成钢主梁架设（对于旧桥，可忽略此步骤），再完成超高韧性混凝土层现浇和养护施工，然后铺筑面层。

    2 节段预制施工：场内制作完成钢主梁节段后，在节段的钢面板上浇筑和养护超高韧性混凝土层，梁段运至现场拼装，全部梁段拼装成型后再进行节段间接缝超高韧性混凝土层的浇筑和养护，最后铺筑面层。

    组合结构桥面施工流程如图 4 所示。

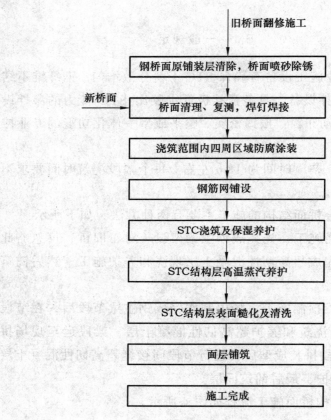

（a）现浇施工

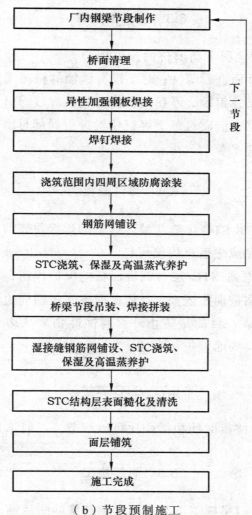

厂内钢梁节段制作

桥面清理

异性加强钢板焊接

焊钉焊接

浇筑范围内四周区域防腐涂装

钢筋网铺设

STC浇筑、保湿及高温蒸汽养护

下一节段

桥梁节段吊装、焊接拼装

湿接缝钢筋网铺设、STC浇筑、保湿及高温蒸养护

STC结构层表面糙化及清洗

面层铺筑

施工完成

（b）节段预制施工

图4　组合桥面结构施工工艺流程图

6.3　桥面预处理

6.3.1　本节说明了新旧桥面预处理的方式不一样。对于新建钢桥，应对桥面进行清洗；对于没有锈蚀的桥面无须进行喷砂除锈。对于新建钢桥，可在钢桥面板直接焊接焊钉，无须进行喷砂除锈工序，但应对每个焊钉位置进行局部打磨，确保焊接处钢面板表面平整、光滑。

6.4　焊钉焊接

6.4.9　规定了 STC 接缝区域内焊钉的焊接位置应预留，待加强钢板焊接完成之后再焊接焊钉。

6.4.10　考虑到 STC 层对钢桥面板的保护作用，防腐层可不必涂满整个钢桥面板表面，而是在钢桥面板四周边界一定范围内涂刷防腐漆，目的是防止外部腐蚀性物质从边界接缝处进入，对钢箱梁的面板进行腐蚀。

6.7　STC 养护

6.7.2　STC 终凝时间根据配比可以调节，一般不超过 48 h。

6.9　面层施工

6.9.2　抛丸过早施工不利于裸露钢纤维的防锈蚀。

7 检验与验收

7.1 一般规定

7.1.1 组合桥面结构工程一般属于桥面系分部工程的一部分。

7.2 原材料进场检验

7.2.4 当对 STC 干混料性能有疑问，需要测定干混料中钢纤维体积含量时，参照附录 C 执行。

7.3 质量检验

7.3.5 超高韧性混凝土试件的制作和试验方法参照附录 B 执行。

8 管养与维护

8.1 一般规定

8.1.1 组合桥面结构使用周期较长，应加强桥面结构巡视，掌握其使用状况，根据桥面结构的实际情况制订预防性和日常养护管理计划。

8.1.2 根据组合桥面结构使用周期长、后期维修难度大等特点，除常规管理养护外需加强巡检频率、定期检测底层混凝土使用状况。桥面结构养护档案应以一座桥梁为单位建档。管养档案应包含下列内容：桥面结构主要技术资料，施工竣工资料，养护技术文件，巡检、检测、测试资料等技术文件及相关资料。养护档案管理工作宜逐步实行电子化、数据化、利用多媒体技术，有条件的城市可探索建立管理系统、数据库。

8.2 管理养护

8.2.1 组合桥面结构使用周期较长，且破坏后维修难度较大，因此，应加强桥面结构的日常管理养护。桥面混凝土结构裂缝宽度大于 0.1 mm 时，应对桥面结构进行维修处治。

8.2.4 组合桥面结构的养护管理应不断探索和应用新材料、新设备、新技术、新工艺，提高养护作业的时效性、机动性、安全性和可靠性；城市桥梁管理部门宜组建专业的桥面结构养护队伍，提高养护技术能力，在合适的时间用正确的技术方法处理病害，避免其扩展造成新的病害。具备条件时应将组合桥面结构一并纳入桥梁健康监测系统，实时掌握桥面结构运营状态。

8.2.5 应经常检查桥面排水情况，一般每月不得少于一次，雨天必须上桥巡查，及时排除堵塞并疏通，检查时间一般以在雨间或雨后 1 h ~ 2 h 为宜。发现桥面明显的积水部位，应分析原因，及时采取相应措施保证桥面排水通畅。汛期前须对桥面排水设施进行全面检查并疏通。

8.3 桥面结构维护

8.3.1 对沥青混凝土面层结构的病害维修宜参照现行行业标准《城镇道路养护技术规范》CJJ 36 的有关规定执行，对于组合桥面结构底层超高韧性混凝土的维修须根据结构特点制订相应的维修方案。

8.3.2 对超高韧性组合桥面结构的病害应分析其产生的原因，根据桥面结构特点、设计使用年限、维护季节、气温等实际情况，采取相应的维护措施。对坑槽、沉陷、车辙等需要将原桥面面层挖除后进行修补作业的病害，宜当天挖除当日修补，并设置警示标志确保行车安全。